TRANZLATY
El idioma es para todos
A nyelv mindenkié

El llamado de lo salvaje

A vadon hívó szava

Jack London

Español / Magyar

Copyright © 2025 Tranzlaty
All rights reserved
Published by Tranzlaty
ISBN: 978-1-80572-865-8
Original text by Jack London
The Call of the Wild
First published in 1903
www.tranzlaty.com

Hacia lo primitivo
A primitívbe

Buck no leía los periódicos.
Buck nem olvasott újságot.
Si hubiera leído los periódicos habría sabido que se avecinaban problemas.
Ha olvasta volna az újságokat, tudta volna, hogy baj van készülőben.
Hubo problemas, no sólo para él sino para todos los perros de la marea.
Nemcsak őrá, hanem minden dagályvízi kutyára is várt a baj.
Todo perro con músculos fuertes y pelo largo y cálido iba a estar en problemas.
Minden erős izmú és meleg, hosszú szőrű kutya bajba kerülhet.
Desde Puget Bay hasta San Diego ningún perro podía escapar de lo que se avecinaba.
Puget-öböltől San Diegóig egyetlen kutya sem menekülhetett a közelgő események elől.
Los hombres, a tientas en la oscuridad del Ártico, encontraron un metal amarillo.
A sarkvidéki sötétségben tapogatózó férfiak sárga fémre bukkantak.
Las compañías navieras y de transporte iban en busca del descubrimiento.
Gőzhajózási és közlekedési vállalatok üldözték a felfedezést.
Miles de hombres se precipitaron hacia el norte.
Több ezer férfi rohant be Északföldre.
Estos hombres querían perros, y los perros que querían eran perros pesados.
Ezek az emberek kutyákat akartak, és a kutyák, amiket akartak, nehéz kutyák voltak.
Perros con músculos fuertes para trabajar.
Erős izmokkal rendelkező kutyák, amelyekkel megdolgozhatnak.
Perros con abrigos peludos para protegerlos de las heladas.

Szőrös bundájú kutyák, hogy megvédjék őket a fagytól.

Buck vivía en una casa grande en el soleado valle de Santa Clara.
Buck egy nagy házban lakott a napsütötte Santa Clara-völgyben.
El lugar del juez Miller, se llamaba su casa.
Miller bíró lakása, az ő házát hívták.
Su casa estaba apartada de la carretera, medio oculta entre los árboles.
A háza az úttól beljebb állt, félig elrejtve a fák között.
Se podían ver destellos de la amplia terraza que rodeaba la casa.
Megpillanthatták a házat körülvevő széles verandát.
Se accedía a la casa mediante caminos de grava.
A házat kavicsos kocsifelhajtók közelítették meg.
Los caminos serpenteaban a través de amplios prados.
Az ösvények széles gyepen kanyarogtak.
Allá arriba se veían las ramas entrelazadas de altos álamos.
Magas nyárfák összefonódó ágai hajoltak a fejük felett.
En la parte trasera de la casa las cosas eran aún más espaciosas.
A ház hátsó részében még tágasabbak voltak a dolgok.
Había grandes establos, donde una docena de mozos de cuadra charlaban.
Voltak ott nagy istállók, ahol egy tucat lovász beszélgetett
Había hileras de casas de servicio cubiertas de enredaderas.
Sorokban álltak a szőlővel befuttatott cselédkunyhók
Y había una interminable y ordenada serie de letrinas.
És végtelen és rendezett sora volt a melléképületeknek
Largos parrales, verdes pastos, huertos y campos de bayas.
Hosszú szőlőlugasok, zöld legelők, gyümölcsösök és bogyóskertek.
Luego estaba la planta de bombeo del pozo artesiano.
Aztán ott volt az artézi kút szivattyútelepe.
Y allí estaba el gran tanque de cemento lleno de agua.
És ott volt a nagy cementtartály, tele vízzel.

Aquí los muchachos del juez Miller dieron su chapuzón matutino.
Itt tették meg reggeli csobbanásukat Miller bíró fiai.
Y allí también se refrescaron en la calurosa tarde.
És ott hűsöltek is a forró délutánon.
Y sobre este gran dominio, Buck era quien lo gobernaba todo.
És e hatalmas birtok felett Buck uralkodott.
Buck nació en esta tierra y vivió aquí todos sus cuatro años.
Buck ezen a földön született, és itt élt mind a négy évében.
Efectivamente había otros perros, pero realmente no importaban.
Valóban voltak más kutyák is, de azok nem igazán számítottak.
En un lugar tan vasto como éste se esperaban otros perros.
Más kutyákra is számítottak egy ekkora helyen.
Estos perros iban y venían, o vivían dentro de las concurridas perreras.
Ezek a kutyák jöttek-mentek, vagy a forgalmas kennelekben éltek.
Algunos perros vivían escondidos en la casa, como Toots e Ysabel.
Néhány kutya elrejtve élt a házban, mint például Toots és Ysabel.
Toots era un pug japonés, Ysabel una perra mexicana sin pelo.
Toots egy japán mopsz, Ysabel egy mexikói szőrtelen kutya volt.
Estas extrañas criaturas rara vez salían de la casa.
Ezek a különös lények ritkán léptek ki a házból.
No tocaron el suelo ni olieron el aire libre del exterior.
Nem érintették a földet, és nem szagolgatták a szabad levegőt sem.
También estaban los fox terriers, al menos veinte en número.
Ott voltak a foxterrierek is, legalább húszan.
Estos terriers le ladraron ferozmente a Toots y a Ysabel dentro de la casa.

Ezek a terrierek vadul ugatott Tootsra és Ysabelre bent.
Toots e Ysabel se quedaron detrás de las ventanas, a salvo de todo daño.
Toots és Ysabel ablakok mögött maradtak, biztonságban a bajtól.
Estaban custodiados por criadas con escobas y trapeadores.
Seprűkkel és felmosórongyokkal felfegyverzett szobalányok őrizték őket.
Pero Buck no era un perro de casa ni tampoco de perrera.
De Buck nem volt házkutya, és nem is kennelkutya.
Toda la propiedad pertenecía a Buck como su legítimo reino.
Az egész birtok Bucké volt, mint jogos birodalma.
Buck nadaba en el tanque o salía a cazar con los hijos del juez.
Buck a tartályban úszott, vagy a Bíró fiaival vadászott.
Caminaba con Mollie y Alice temprano o tarde.
Mollie-val és Alice-szel sétált a kora reggeli vagy a késői órákban.
En las noches frías yacía junto al fuego de la biblioteca con el juez.
Hideg éjszakákon a könyvtár kandallója előtt feküdt a bíróval.
Buck llevaba a los nietos del juez en su fuerte espalda.
Buck erős hátán lovagolta a Bíró unokáit.
Se revolcó en el césped con los niños, vigilándolos de cerca.
A fiúkkal hempergett a fűben, és szorosan őrizte őket.
Se aventuraron hasta la fuente e incluso pasaron por los campos de bayas.
Elmerészkedtek a szökőkúthoz, sőt, még a bogyósföldek mellett is elhaladtak.
Entre los fox terriers, Buck caminaba siempre con orgullo real.
A foxterrierek között Buck mindig királyi büszkeséggel sétált.
Él ignoró a Toots y Ysabel, tratándolos como si fueran aire.
Nem törődött Tootsszal és Ysabellel, úgy kezelte őket, mintha levegő lenne.
Buck reinaba sobre todas las criaturas vivientes en la tierra del juez Miller.

Buck uralkodott Miller bíró földjén élő összes élőlény felett.
Él gobernaba a los animales, a los insectos, a los pájaros e incluso a los humanos.
Uralkodott állatok, rovarok, madarak és még emberek felett is.
El padre de Buck, Elmo, había sido un San Bernardo enorme y leal.
Buck apja, Elmo egy hatalmas és hűséges bernáthegyi volt.
Elmo nunca se apartó del lado del juez y le sirvió fielmente.
Elmo soha nem hagyta el a Bíró oldalát, és hűségesen szolgálta őt.
Buck parecía dispuesto a seguir el noble ejemplo de su padre.
Buck láthatóan kész volt követni apja nemes példáját.
Buck no era tan grande: pesaba ciento cuarenta libras.
Buck nem volt egészen olyan nagy, száznegyven fontot nyomott.
Su madre, Shep, había sido una excelente perra pastor escocesa.
Az anyja, Shep, kiváló skót juhászkutya volt.
Pero incluso con ese peso, Buck caminaba con presencia majestuosa.
De még ekkora súly mellett is Buck királyi tekintéllyel járt.
Esto fue gracias a la buena comida y al respeto que siempre recibió.
Ez a jó ételnek és a mindig kapott tiszteletnek volt köszönhető.
Durante cuatro años, Buck había vivido como un noble mimado.
Buck négy éven át úgy élt, mint egy elkényeztetett nemesember.
Estaba orgulloso de sí mismo y hasta era un poco egoísta.
Büszke volt magára, sőt, kissé egoista is.
Ese tipo de orgullo era común entre los señores de países remotos.
Az efféle büszkeség gyakori volt a távoli vidéki urak körében.
Pero Buck se salvó de convertirse en un perro doméstico mimado.

De Buck megmentette magát attól, hogy elkényeztetett házkutyává váljon.
Se mantuvo delgado y fuerte gracias a la caza y el ejercicio.
Vadászat és testmozgás közben is karcsú és erős maradt.
Amaba profundamente el agua, como la gente que se baña en lagos fríos.
Mélyen szerette a vizet, mint azok az emberek, akik hideg tavakban fürödnek.
Este amor por el agua mantuvo a Buck fuerte y muy saludable.
A víz iránti szeretete erőssé és egészségessé tette Buckot.
Éste era el perro en que se había convertido Buck en el otoño de 1897.
Ez volt az a kutya, amivé Buck 1897 őszén vált.
Cuando la huelga de Klondike arrastró a los hombres hacia el gélido Norte.
Amikor a Klondike-i sztrájk a fagyos Északra húzta az embereket.
La gente acudió en masa desde todos los rincones del mundo hacia aquella tierra fría.
Az emberek a világ minden tájáról özönlöttek a hideg vidékre.
Buck, sin embargo, no leía los periódicos ni entendía las noticias.
Buck azonban nem olvasott újságot, és nem értette a híreket sem.
Él no sabía que Manuel era un mal hombre con quien estar.
Nem tudta, hogy Manuel rossz ember a társasága.
Manuel, que ayudaba en el jardín, tenía un problema profundo.
Manuelnek, aki a kertben segített, komoly problémával kellett szembenéznie.
Manuel era adicto al juego de la lotería china.
Manuel rabja volt a kínai lottójátékoknak.
También creía firmemente en un sistema fijo para ganar.
Ő is erősen hitt egy fix győzelmi rendszerben.
Esa creencia hizo que su fracaso fuera seguro e inevitable.
Ez a hite tette a kudarcát biztossá és elkerülhetetlenné.

Jugar con un sistema exige dinero, del que Manuel carecía.
Egy rendszerhez pénz kell, ami Manuelnek hiányzott.
Su salario apenas alcanzaba para mantener a su esposa y a sus numerosos hijos.
A fizetéséből alig tudta eltartani feleségét és számos gyermekét.
La noche en que Manuel traicionó a Buck, las cosas estaban normales.
Azon az éjszakán, amikor Manuel elárulta Buckot, minden normális volt.
El juez estaba en una reunión de la Asociación de Productores de Pasas.
A bíró a Mazsolás Termesztők Egyesületének ülésén volt.
Los hijos del juez estaban entonces ocupados formando un club atlético.
A bíró fiai akkoriban egy atlétikai klub megalapításával voltak elfoglalva.
Nadie vio a Manuel y Buck salir por el huerto.
Senki sem látta Manuelt és Buckot távozni a gyümölcsösön keresztül.
Buck pensó que esta caminata era simplemente un simple paseo nocturno.
Buck azt hitte, hogy ez a séta csak egy egyszerű éjszakai séta.
Se encontraron con un solo hombre en la estación de la bandera, en College Park.
Csak egyetlen férfival találkoztak a College Parkban lévő zászlóállomáson.
Ese hombre habló con Manuel y intercambiaron dinero.
Az a férfi beszélt Manuellel, és pénzt váltottak.
"Envuelva la mercancía antes de entregarla", sugirió.
„Csomagold be az árut, mielőtt kiszállítod" – javasolta.
La voz del hombre era áspera e impaciente mientras hablaba.
A férfi hangja rekedt és türelmetlen volt, miközben beszélt.
Manuel ató cuidadosamente una cuerda gruesa alrededor del cuello de Buck.
Manuel gondosan vastag kötelet kötött Buck nyaka köré.
"Si retuerces la cuerda, lo estrangularás bastante"

„Csavard meg a kötelet, és alaposan megfojtod"
El extraño emitió un gruñido, demostrando que entendía bien.
Az idegen felnyögött, jelezve, hogy jól érti a dolgot.
Buck aceptó la cuerda con calma y tranquila dignidad ese día.
Buck nyugodt és csendes méltósággal fogadta el a kötelet aznap.
Fue un acto inusual, pero Buck confiaba en los hombres que conocía.
Szokatlan tett volt, de Buck megbízott az ismerőseiben.
Él creía que su sabiduría iba mucho más allá de su propio pensamiento.
Úgy hitte, bölcsességük messze túlmutat az övéin.
Pero entonces la cuerda fue entregada a manos del extraño.
De aztán a kötelet az idegen kezébe adták.
Buck emitió un gruñido bajo que advertía con una amenaza silenciosa.
Buck halk, fenyegető morgást hallatott.
Era orgulloso y autoritario y quería mostrar su descontento.
Büszke és parancsoló volt, és szándékosan kimutatta nemtetszését.
Buck creyó que su advertencia sería entendida como una orden.
Buck úgy gondolta, hogy a figyelmeztetését parancsnak fogják értelmezni.
Para su sorpresa, la cuerda se tensó rápidamente alrededor de su grueso cuello.
Legnagyobb meglepetésére a kötél erősen megfeszült vastag nyaka körül.
Se quedó sin aire y comenzó a luchar con una furia repentina.
Elállt a lélegzete, és hirtelen dühében harcolni kezdett.
Saltó hacia el hombre, quien rápidamente se encontró con Buck en el aire.
Ráugrott a férfira, aki gyorsan eltalálta Buckot a levegőben.

El hombre agarró la garganta de Buck y lo retorció hábilmente en el aire.
A férfi megragadta Buck torkát, és ügyesen megcsavarta a levegőben.
Buck fue arrojado al suelo con fuerza, cayendo de espaldas.
Buckot keményen a földre zuhanták, és hanyatt esett.
La cuerda ahora lo estrangulaba cruelmente mientras él pateaba salvajemente.
A kötél most kegyetlenül fojtogatta, miközben vadul rúgkapált.
Se le cayó la lengua, su pecho se agitó, pero no recuperó el aliento.
Kiesett a nyelve, fel-le rándult a mellkasa, de nem kapott levegőt.
Nunca había sido tratado con tanta violencia en su vida.
Életében nem bántak vele ilyen erőszakkal.
Tampoco nunca antes se había sentido tan lleno de furia.
Soha ezelőtt nem töltött el ilyen mély düh.
Pero el poder de Buck se desvaneció y sus ojos se volvieron vidriosos.
De Buck ereje elhalványult, és tekintete üvegessé vált.
Se desmayó justo cuando un tren se detuvo cerca.
Épp akkor vesztette el az eszméletét, amikor egy vonatot leintettek a közelben.
Luego los dos hombres lo arrojaron rápidamente al vagón de equipaje.
Aztán a két férfi gyorsan bedobta a poggyászkocsiba.
Lo siguiente que sintió Buck fue dolor en su lengua hinchada.
Buck ezután fájdalmat érzett a feldagadt nyelvében.
Se desplazaba en un carro tambaleante, apenas consciente.
Egy remegő kocsiban mozgott, csak homályosan volt eszméleténél.
El agudo grito del silbato del tren le indicó a Buck su ubicación.
Egy vonatsíp éles sivítása elárulta Bucknak a hollétét.

Había viajado muchas veces con el Juez y conocía esa sensación.
Gyakran lovagolt már a Bíróval, és ismerte az érzést.
Fue una experiencia única viajar nuevamente en un vagón de equipajes.
Megint az a különleges rázkódtatás volt, hogy egy poggyászkocsiban utaztam.
Buck abrió los ojos y su mirada ardía de rabia.
Buck kinyitotta a szemét, és tekintete dühtől égett.
Esta fue la ira de un rey orgulloso destronado.
Ez egy büszke király haragja volt, akit elmozdítottak trónjáról.
Un hombre intentó agarrarlo, pero Buck lo atacó primero.
Egy férfi nyúlt, hogy megragadja, de Buck csapott le először.
Hundió los dientes en la mano del hombre y la sujetó con fuerza.
A férfi kezébe mélyesztette a fogait, és szorosan megszorította.
No lo soltó hasta que se desmayó por segunda vez.
Nem engedte el, míg másodszor is el nem ájult.
—Sí, tiene ataques —murmuró el hombre al maletero.
– Aha, rohamai vannak – motyogta a férfi a poggyászkezelőnek.
El maletero había oído la lucha y se acercó.
A poggyászos meghallotta a dulakodást, és közelebb jött.
"Lo llevaré a Frisco para el jefe", explicó el hombre.
– Friscóba viszem a főnök miatt – magyarázta a férfi.
"Allí hay un buen veterinario que dice poder curarlos".
„Van ott egy kiváló kutyadoktor, aki azt mondja, meg tudja gyógyítani őket."
Más tarde esa noche, el hombre dio su propio relato completo.
Később aznap este a férfi részletesen beszámolt az esetről.
Habló desde un cobertizo detrás de un salón en los muelles.
Egy kikötői kocsma mögötti fészerből beszélt.
"Lo único que me dieron fueron cincuenta dólares", se quejó al tabernero.
„Csak ötven dollárt kaptam" – panaszkodott a kocsmárosnak.
"No lo volvería a hacer ni por mil dólares en efectivo".

„Nem tenném meg újra, még ezerért sem készpénzben."
Su mano derecha estaba fuertemente envuelta en un paño ensangrentado.
Jobb kezét szorosan becsavarta egy véres kendő.
La pernera de su pantalón estaba abierta de par en par desde la rodilla hasta el pie.
A nadrágszára térdtől talpig teljesen szétszakadt.
— ¿Cuánto le pagaron al otro tipo? — preguntó el tabernero.
„Mennyit fizettek a másik korsónak?" – kérdezte a kocsmáros.
"Cien", respondió el hombre, "no aceptaría ni un centavo menos".
– Százat – felelte a férfi –, egy centtel sem fogadna el kevesebbet.
— Eso suma ciento cincuenta — dijo el tabernero.
– Ez százötvenet tesz ki – mondta a kocsmáros.
"Y él lo vale todo, o no soy más que un idiota".
„És megéri az egészet, különben én sem leszek jobb egy ostobánál."
El hombre abrió los envoltorios para examinar su mano.
A férfi kibontotta a csomagolást, hogy megvizsgálja a kezét.
La mano estaba gravemente desgarrada y cubierta de sangre seca.
A kéz csúnyán el volt szakadva és be volt száradva a vérrel.
"Si no consigo la hidrofobia…" empezó a decir.
„Ha nem leszek hidrofóbiás…" – kezdte mondani.
"Será porque naciste para la horca", dijo entre risas.
– Azért leszel, mert arra születtél, hogy lógj – hallatszott egy nevetés.
"Ven a ayudarme antes de irte", le pidieron.
„Gyere, segíts, mielőtt elindulsz" – kérték fel.
Buck estaba aturdido por el dolor en la lengua y la garganta.
Buckot teljesen elkábulta a nyelvében és a torkában érzett fájdalom.
Estaba medio estrangulado y apenas podía mantenerse en pie.
Félig megfojtották, és alig tudott lábra állni.

Aún así, Buck intentó enfrentar a los hombres que lo habían lastimado.
Buck mégis megpróbált szembenézni azokkal az emberekkel, akik annyira megbántották.
Pero lo derribaron y lo estrangularon una vez más.
De azok ismét letaszították és megfojtották.
Sólo entonces pudieron quitarle el pesado collar de bronce.
Csak ezután tudták lefűrészelni a nehéz rézgallért.
Le quitaron la cuerda y lo metieron en una caja.
Elhúzták a kötelet és egy ládába lökték.
La caja era pequeña y tenía la forma de una tosca jaula de hierro.
A láda kicsi volt, és egy durva vasketrec alakú.
Buck permaneció allí toda la noche, lleno de ira y orgullo herido.
Buck egész éjjel ott feküdt, tele haraggal és sértett büszkeséggel.
No podía ni siquiera empezar a comprender lo que le estaba pasando.
Fel sem foghatta, mi történik vele.
¿Por qué estos hombres extraños lo mantenían en esa pequeña caja?
Miért tartották őt ezek a furcsa emberek ebben a kis ládában?
¿Qué querían de él y por qué este cruel cautiverio?
Mit akartak tőle, és miért ez a kegyetlen fogság?
Sintió una presión oscura; una sensación de desastre que se acercaba.
Sötét nyomást érzett; a katasztrófa közeledtének érzése.
Era un miedo vago, pero que se apoderó pesadamente de su espíritu.
Homályos félelem volt, de erősen nehezedett a lelkére.
Saltó varias veces cuando la puerta del cobertizo vibró.
Többször is felugrott, amikor a fészer ajtaja zörgött.
Esperaba que el juez o los muchachos aparecieran y lo rescataran.
Azt várta, hogy a Bíró vagy a fiúk megjelennek és megmentik.
Pero cada vez sólo se asomaba el rostro gordo del tabernero.

De minden alkalommal csak a kocsmáros kövér arca kukucskált be.
El rostro del hombre estaba iluminado por el tenue resplandor de una vela de sebo.
A férfi arcát egy faggyúgyertya halvány fénye világította meg.
Cada vez, el alegre ladrido de Buck cambiaba a un gruñido bajo y enojado.
Buck örömteli ugatása minden alkalommal halk, dühös morgásba váltott.

El tabernero lo dejó solo durante la noche en el cajón.
A kocsmáros magára hagyta az éjszakára a ládában
Pero cuando se despertó por la mañana, venían más hombres.
De amikor reggel felébredt, egyre több férfi jött.
Llegaron cuatro hombres y recogieron la caja con cuidado y sin decir palabra.
Négy férfi jött, és óvatosan, szó nélkül felkapták a ládát.
Buck supo de inmediato en qué situación se encontraba.
Buck azonnal tudta, milyen helyzetbe került.
Eran otros torturadores contra los que tenía que luchar y a los que tenía que temer.
További kínzók voltak, akikkel harcolnia és akikkel félnie kellett.
Estos hombres parecían malvados, andrajosos y muy mal arreglados.
Ezek a férfiak gonosznak, rongyosnak és nagyon rosszul ápoltnak tűntek.
Buck gruñó y se abalanzó sobre ellos ferozmente a través de los barrotes.
Buck vicsorgott, és vadul rájuk rontott a rácsokon keresztül.
Ellos simplemente se rieron y lo golpearon con largos palos de madera.
Csak nevettek és hosszú fapálcákkal piszkálták.
Buck mordió los palos y luego se dio cuenta de que eso era lo que les gustaba.

Buck beleharapott a botokba, aztán rájött, hogy pont ezt szeretik.
Así que se quedó acostado en silencio, hosco y ardiendo de rabia silenciosa.
Így hát csendben lefeküdt, mogorván és csendes dühtől égve.
Subieron la caja a un carro y se fueron con él.
Felemelték a ládát egy szekérre, és elhajtottak vele.
La caja, con Buck encerrado dentro, cambiaba de manos a menudo.
A láda, amiben Buck volt bezárva, gyakran cserélt gazdát.
Los empleados de la oficina exprés se hicieron cargo de él y lo atendieron brevemente.
Az expressz irodai tisztviselők vették át az irányítást, és röviden intézkedtek.
Luego, otro carro transportó a Buck a través de la ruidosa ciudad.
Aztán egy másik szekér vitte Buckot a zajos városon át.
Un camión lo llevó con cajas y paquetes a un ferry.
Egy teherautó dobozokkal és csomagokkal együtt vitte fel egy kompra.
Después de cruzar, el camión lo descargó en una estación ferroviaria.
Miután átkelt, a teherautó egy vasútállomáson lerakta.
Finalmente, colocaron a Buck dentro de un vagón expreso que lo esperaba.
Vvégre Buckot betették egy várakozó expresszkocsiba.
Durante dos días y dos noches, los trenes arrastraron el vagón expreso.
Két napon és két éjszakán át a vonatok elhúzták a gyorskocsit.
Buck no comió ni bebió durante todo el doloroso viaje.
Buck sem evett, sem ivott az egész fáradságos út alatt.
Cuando los mensajeros expresos intentaron acercarse a él, gruñó.
Amikor a gyorshírnökök megpróbáltak közeledni hozzá, morgott.
Ellos respondieron burlándose de él y molestándolo cruelmente.

Válaszul gúnyolták és kegyetlenül ugratták.
Buck se arrojó contra los barrotes, echando espuma y temblando.
Buck a rácsoknak vetette magát, habzott és remegett
Se rieron a carcajadas y se burlaron de él como matones del patio de la escuela.
Hangosan nevettek, és úgy gúnyolódtak vele, mint az iskolai zaklatók.
Ladraban como perros de caza y agitaban los brazos.
Úgy ugattak, mint a műkutyák, és csapkodtak a karjukkal.
Incluso cantaron como gallos sólo para molestarlo más.
Még kakasként is kukorékoltak, hogy még jobban felbosszantsák.
Fue un comportamiento tonto y Buck sabía que era ridículo.
Ostoba viselkedés volt, és Buck tudta, hogy nevetséges.
Pero eso sólo profundizó su sentimiento de indignación y vergüenza.
De ez csak elmélyítette benne a felháborodást és a szégyent.
Durante el viaje no le molestó mucho el hambre.
Az út során nemigen gyötörte az éhség.
Pero la sed traía consigo un dolor agudo y un sufrimiento insoportable.
De a szomjúság éles fájdalmat és elviselhetetlen szenvedést okozott.
Su garganta y lengua secas e inflamadas ardían de calor.
Száraz, gyulladt torka és nyelve égett a forróságtól.
Este dolor alimentó la fiebre que crecía dentro de su orgulloso cuerpo.
Ez a fájdalom táplálta a büszke testében egyre erősödő lázat.
Buck estuvo agradecido por una sola cosa durante esta prueba.
Buck egyetlen dologért volt hálás a tárgyalás alatt.
Le habían quitado la cuerda que le rodeaba el grueso cuello.
A kötelet lehúzták vastag nyakáról.
La cuerda había dado a esos hombres una ventaja injusta y cruel.

A kötél tisztességtelen és kegyetlen előnyt biztosított azoknak az embereknek.
Ahora la cuerda había desaparecido y Buck juró que nunca volvería.
Most a kötél eltűnt, és Buck megesküdött, hogy soha többé nem tér vissza.
Decidió que nunca más volvería a pasarle una cuerda al cuello.
Elhatározta, hogy soha többé nem tekeredik kötél a nyakába.
Durante dos largos días y noches sufrió sin comer.
Két hosszú napon és éjszakán át szenvedett étel nélkül.
Y en esas horas se fue acumulando en su interior una rabia enorme.
És ezekben az órákban hatalmas dühöt halmozott fel magában.
Sus ojos se volvieron inyectados en sangre y salvajes por la ira constante.
Szeme vérben forgó és vad lett az állandó dühtől.
Ya no era Buck, sino un demonio con mandíbulas chasqueantes.
Már nem Buck volt, hanem egy csattogó állkapcsú démon.
Ni siquiera el juez habría reconocido a esta loca criatura.
Még a Bíró sem ismerte volna fel ezt az őrült teremtményt.
Los mensajeros exprés suspiraron aliviados cuando llegaron a Seattle.
A gyorshírnökök megkönnyebbülten felsóhajtottak, amikor megérkeztek Seattle-be
Cuatro hombres levantaron la caja y la llevaron a un patio trasero.
Négy férfi felemelte a ládát, és bevitték a hátsó udvarba.
El patio era pequeño, rodeado de muros altos y sólidos.
Az udvar kicsi volt, magas és masszív falak vették körül.
Un hombre corpulento salió con una camisa roja holgada.
Egy nagydarab férfi lépett ki egy megereszkedett piros pulóveringben.
Firmó el libro de entrega con letra gruesa y atrevida.
Vastag, merész kézzel írta alá a szállítókönyvet.

Buck sintió de inmediato que este hombre era su próximo torturador.
Buck azonnal megérezte, hogy ez a férfi a következő kínzója.
Se abalanzó violentamente contra los barrotes, con los ojos rojos de furia.
Hevesen a rácsoknak vetette magát, dühtől vörös szemekkel.
El hombre simplemente sonrió oscuramente y fue a buscar un hacha.
A férfi csak sötéten elmosolyodott, és odament egy baltáért.
También traía un garrote en su gruesa y fuerte mano derecha.
Vastag és erős jobb kezében egy botot is hozott.
"¿Vas a sacarlo ahora?" preguntó preocupado el conductor.
„Most kiviszed?" – kérdezte a sofőr aggódva.
—Claro —dijo el hombre, metiendo el hacha en la caja a modo de palanca.
– Persze – mondta a férfi, és a baltát emelőként a ládába szegezte.
Los cuatro hombres se dispersaron instantáneamente y saltaron al muro del patio.
A négy férfi azonnal szétszéledt, és felugrottak az udvar falára.
Desde sus lugares seguros arriba, esperaban para observar el espectáculo.
Biztonságos helyeikről, fentről várták, hogy szemtanúi lehessenek a látványosságnak.
Buck se abalanzó sobre la madera astillada, mordiéndola y sacudiéndola ferozmente.
Buck a szilánkos fára vetette magát, vadul harapdálva és remegve.
Cada vez que el hacha golpeaba la jaula, Buck estaba allí para atacarla.
Valahányszor a baltával eltalálták a ketrecet, Buck ott volt, hogy megtámadja.
Gruñó y chasqueó los dientes con furia salvaje, ansioso por ser liberado.

Vad dühvel morgott és csattant, alig várta, hogy
szabadulhasson.
**El hombre que estaba afuera estaba tranquilo y firme,
concentrado en su tarea.**
A kint álló férfi nyugodt és kiegyensúlyozott volt, elszántan
végezte a feladatát.
**"Muy bien, demonio de ojos rojos", dijo cuando el agujero
fue grande.**
– Akkor hát, te vörös szemű ördög – mondta, amikor a lyuk
már nagyra nyílt.
Dejó caer el hacha y tomó el garrote con su mano derecha.
Eldobta a baltát, és jobb kezébe vette a botot.
**Buck realmente parecía un demonio; con los ojos inyectados
en sangre y llameantes.**
Buck tényleg úgy nézett ki, mint egy ördög; vérben forgó,
lángoló szemei voltak.
**Su pelaje se erizó, le salía espuma por la boca y sus ojos
brillaban.**
Felborzolta a bundáját, hab gomolygott a szája körül, szeme
csillogott.
**Tensó los músculos y se lanzó directamente hacia el suéter
rojo.**
Megfeszítette izmait, és egyenesen a piros pulóverre vetette
magát.
**Ciento cuarenta libras de furia volaron hacia el hombre
tranquilo.**
Száznegyven fontnyi düh csapott a nyugodt férfira.
**Justo antes de que sus mandíbulas se cerraran, un golpe
terrible lo golpeó.**
Mielőtt még összeszorult volna az állkapcsa, szörnyű ütés
érte.
**Sus dientes chasquearon al chocar contra nada más que el
aire.**
Fogai összecsattantak, semmi mást nem látott, csak a levegőt.
Una sacudida de dolor resonó a través de su cuerpo
fájdalomlökés visszhangzott végig a testén

Dio una vuelta en el aire y se estrelló sobre su espalda y su costado.
A levegőben megpördült, és a hátára, illetve az oldalára zuhant.
Nunca antes había sentido el golpe de un garrote y no podía agarrarlo.
Még soha nem érzett botütést, és nem tudta felfogni.
Con un gruñido estridente, mitad ladrido, mitad grito, saltó de nuevo.
Egy sikító vicsorgással, részben ugatással, részben sikolysal ismét ugrott.
Otro golpe brutal lo alcanzó y lo arrojó al suelo.
Egy újabb brutális ütés érte, és a földre repítette.
Esta vez Buck lo entendió: era el pesado garrote del hombre.
Buck ezúttal megértette – a férfi nehéz bunkója volt az.
Pero la rabia lo cegó y no pensó en retirarse.
De a düh elvakította, és esze ágában sem volt visszavonulni.
Doce veces se lanzó y doce veces cayó.
Tizenkétszer vetette magát előre, és tizenkétszer esett el.
El palo de madera lo golpeaba cada vez con una fuerza despiadada y aplastante.
A fabáb minden alkalommal könyörtelen, zúzó erővel csapott le rá.
Después de un golpe feroz, se tambaleó hasta ponerse de pie, aturdido y lento.
Egyetlen heves ütés után kábultan és lassan talpra állt.
Le salía sangre de la boca, de la nariz y hasta de las orejas.
Vér folyt a szájából, az orrából, sőt még a füléből is.
Su pelaje, otrora hermoso, estaba manchado de espuma sanguinolenta.
Egykor gyönyörű kabátját véres hab maszatosa volt.
Entonces el hombre se adelantó y le dio un golpe tremendo en la nariz.
Aztán a férfi odalépett, és egy gonosz ütést mért az orrára.
La agonía fue más aguda que cualquier cosa que Buck hubiera sentido jamás.
A fájdalom élesebb volt, mint amit Buck valaha is érzett.

Con un rugido más de bestia que de perro, saltó nuevamente para atacar.
Egy vadállatiasabb üvöltéssel, mint kutyaszerűséggel, ismét támadásra ugrott.
Pero el hombre se agarró la mandíbula inferior y la torció hacia atrás.
De a férfi megragadta az alsó állkapcsát, és hátracsavarta.
Buck se dio una vuelta de cabeza y volvió a caer con fuerza.
Buck fejjel előre fordult, és ismét keményen a földre zuhant.
Una última vez, Buck cargó contra él, ahora apenas capaz de mantenerse en pie.
Buck még utoljára rárontott, alig bírva megállni a lábán.
El hombre atacó con una sincronización experta, dando el golpe final.
A férfi szakértő időzítéssel csapott le, megadva az utolsó ütést.
Buck se desplomó en un montón, inconsciente e inmóvil.
Buck mozdulatlanul, eszméletlenül rogyott össze.
"No es ningún inútil a la hora de domar perros, eso es lo que digo", gritó un hombre.
„Nem hanyagolja a kutyabetörést, ezt mondom én is!" – kiáltotta egy férfi.
"Druther puede quebrar la voluntad de un perro cualquier día de la semana".
„Druther a hét bármely napján képes megtörni egy kutya akaratát."
"¡Y dos veces el domingo!" añadió el conductor.
„És kétszer egy vasárnap!" – tette hozzá a sofőr.
Se subió al carro y tiró de las riendas para partir.
Felmászott a szekérre, és megrántotta a gyeplőt, hogy elinduljon.
Buck recuperó lentamente el control de su conciencia.
Buck lassan visszanyerte az öntudatát.
Pero su cuerpo todavía estaba demasiado débil y roto para moverse.
de a teste még túl gyenge és törött volt a mozgáshoz.
Se quedó donde había caído, observando al hombre del suéter rojo.

Ott feküdt, ahol elesett, és a vörös pulóveres férfit figyelte.
"Responde al nombre de Buck", dijo el hombre, leyendo en voz alta.
– Buck nevére hallgat – mondta a férfi, miközben hangosan olvasott.
Citó la nota enviada con la caja de Buck y los detalles.
Idézett a Buck ládájával és a részletekkel küldött üzenetből.
—Bueno, Buck, muchacho —continuó el hombre con tono amistoso—.
– Nos hát, Buck, fiam – folytatta a férfi barátságos hangon –,
"Hemos tenido nuestra pequeña pelea y ahora todo ha terminado entre nosotros".
„Levettünk egy kis veszekedést, és most vége van közöttünk."
"Tú has aprendido cuál es tu lugar y yo he aprendido cuál es el mío", añadió.
„Megtanultad a helyed, és én is a sajátomat" – tette hozzá.
"Sé bueno y todo irá bien y la vida será placentera".
„Légy jó, és minden jól fog menni, és az élet kellemes lesz."
"Pero si te portas mal, te daré una paliza, ¿entiendes?"
„De ha rossz vagy, akkor agyonverlek, érted?"
Mientras hablaba, extendió la mano y acarició la cabeza dolorida de Buck.
Miközben beszélt, kinyújtotta a kezét, és megsimogatta Buck fájó fejét.
El cabello de Buck se erizó ante el toque del hombre, pero no se resistió.
Buck haja felállt a férfi érintésére, de nem ellenkezett.
El hombre le trajo agua, que Buck bebió a grandes tragos.
A férfi vizet hozott neki, amit Buck nagy kortyokban ivott meg.
Luego vino la carne cruda, que Buck devoró trozo a trozo.
Aztán jött a nyers hús, amit Buck darabonként felfalt.
Sabía que estaba derrotado, pero también sabía que no estaba roto.
Tudta, hogy megverték, de azt is tudta, hogy nincs megtörve.
No tenía ninguna posibilidad contra un hombre armado con un garrote.

Esélye sem volt egy bunkóval felfegyverzett férfival szemben.
Había aprendido la verdad y nunca olvidó esa lección.
Megtanulta az igazságot, és soha nem felejtette el ezt a leckét.
Esa arma fue el comienzo de la ley en el nuevo mundo de Buck.
Ez a fegyver jelentette a jog kezdetét Buck új világában.
Fue el comienzo de un orden duro y primitivo que no podía negar.
Ez egy kemény, primitív rend kezdete volt, amelyet nem tagadhatott.
Aceptó la verdad; sus instintos salvajes ahora estaban despiertos.
Elfogadta az igazságot; vad ösztönei most már felébredtek.
El mundo se había vuelto más duro, pero Buck lo afrontó con valentía.
A világ egyre keményebbé vált, de Buck bátran szembenézett vele.
Afrontó la vida con nueva cautela, astucia y fuerza silenciosa.
Új óvatossággal, ravaszsággal és csendes erővel fogadta az életet.
Llegaron más perros, atados con cuerdas o cajas como había estado Buck.
Több kutya is érkezett, kötelekhez vagy ládákhoz kötözve, mint Buck.
Algunos perros llegaron con calma, otros se enfurecieron y pelearon como bestias salvajes.
Néhány kutya nyugodtan jött, mások dühöngtek és vadállatok módjára verekedtek.
Todos ellos quedaron bajo el dominio del hombre del suéter rojo.
Mindannyiukat a vörös pulóveres férfi uralma alá vonták.
Cada vez, Buck observaba y veía cómo se desarrollaba la misma lección.
Buck minden alkalommal ugyanazt a tanulságot látta kibontakozni.

El hombre con el garrote era la ley, un amo al que había que obedecer.
A bottal járó férfi maga volt a törvény; egy úr, akinek engedelmeskedni kellett.
No necesitaba ser querido, pero sí obedecido.
Nem kellett kedvelni, de engedelmeskedni kellett neki.
Buck nunca adulaba ni meneaba la cola como lo hacían los perros más débiles.
Buck soha nem hízelgett vagy csóválta a kezét, mint a gyengébb kutyák.
Vio perros que estaban golpeados y todavía lamían la mano del hombre.
Látott megvert kutyákat, amelyek mégis nyalogatták a férfi kezét.
Vio un perro que no obedecía ni se sometía en absoluto.
Látott egy kutyát, amely egyáltalán nem engedelmeskedett, és egyáltalán nem volt hajlandó meghajolni.
Ese perro luchó hasta que murió en la batalla por el control.
A kutya addig küzdött, amíg el nem pusztult az irányításért folytatott csatában.
A veces, desconocidos venían a ver al hombre del suéter rojo.
Idegenek néha meglátogatták a vörös pulóveres férfit.
Hablaban en tonos extraños, suplicando, negociando y riendo.
Furcsa hangon beszéltek, könyörögtek, alkudoztak és nevetgéltek.
Cuando se intercambiaba dinero, se iban con uno o más perros.
Amikor pénzt váltottak, egy vagy több kutyával távoztak.
Buck se preguntó a dónde habían ido esos perros, pues ninguno regresaba jamás.
Buck azon tűnődött, hová tűntek ezek a kutyák, mert soha egy sem tért vissza.
El miedo a lo desconocido llenaba a Buck cada vez que un hombre extraño se acercaba.

Az ismeretlentől való félelem töltötte el Buckot minden alkalommal, amikor egy idegen férfi jött
Se alegraba cada vez que se llevaban a otro perro en lugar de a él mismo.
Minden alkalommal örült, amikor egy másik kutyát vittek el, nem pedig őt.
Pero finalmente, llegó el turno de Buck con la llegada de un hombre extraño.
De végül Buckra került a sor egy különös férfi érkezésével.
Era pequeño, fibroso y hablaba un inglés deficiente y decía palabrotas.
Alacsony volt, inas, törött angolsággal és káromkodásokkal beszélt.
—¡Sacredam! —gritó cuando vio el cuerpo de Buck.
„Szent isten!" – kiáltotta, amikor meglátta Buck alakját.
—¡Qué perro tan bravucón! ¿Eh? ¿Cuánto? —preguntó en voz alta.
„Ez aztán egy átkozott zsarnokkutya! Hű? Mennyibe kerül?" – kérdezte hangosan.
"Trescientos, y es un regalo a ese precio".
„Háromszáz, és ennyiért igazi ajándék."
—Como es dinero del gobierno, no deberías quejarte, Perrault.
„Mivel állami pénzről van szó, nem kell panaszkodnod, Perrault."
Perrault sonrió ante el trato que acababa de hacer con aquel hombre.
Perrault elvigyorodott az egyezségen, amit az előbb kötött a férfival.
El precio de los perros se disparó debido a la repentina demanda.
A kutyák ára a hirtelen megnövekedett kereslet miatt az egekbe szökött.
Trescientos dólares no era injusto para una bestia tan bella.
Háromszáz dollár nem volt igazságtalan egy ilyen jószágért.
El gobierno canadiense no perdería nada con el acuerdo
A kanadai kormány semmit sem veszítene a megállapodással

Además sus despachos oficiales tampoco sufrirían demoras en el tránsito.
A hivatalos küldeményeiket sem késlekednék az út során.
Perrault conocía bien a los perros y podía ver que Buck era algo raro.
Perrault jól ismerte a kutyákat, és látta rajta, hogy Buck valami különleges.
"Uno entre diez diez mil", pensó mientras estudiaba la complexión de Buck.
„Tízből egy, tízezerhez egy" – gondolta, miközben Buck testalkatát vizsgálgatta.
Buck vio que el dinero cambiaba de manos, pero no mostró sorpresa.
Buck látta, hogy a pénz gazdát cserél, de nem mutatott meglepetést.
Pronto él y Curly, un gentil Terranova, fueron llevados lejos.
Hamarosan elvezették őt és Göndört, a szelíd újfundlandit.
Siguieron al hombrecito desde el patio del suéter rojo.
Követték a kis embert a piros pulóveres udvaráról.
Esa fue la última vez que Buck vio al hombre con el garrote de madera.
Buck utoljára látta a fabotos férfit.
Desde la cubierta del Narwhal vio cómo Seattle se desvanecía en la distancia.
A Narvál fedélzetéről nézte, ahogy Seattle a távolba vesz.
También fue la última vez que vio las cálidas tierras del Sur.
Ez volt az utolsó alkalom is, hogy a meleg Délvidéket látta.
Perrault los llevó bajo cubierta y los dejó con François.
Perrault levitte őket a fedélzet alá, és François-nál hagyta.
François era un gigante de cara negra y manos ásperas y callosas.
François egy fekete arcú óriás volt, durva, kérges kezekkel.
Era oscuro y moreno, un mestizo francocanadiense.
Sötét bőrű és barna bőrű volt; egy félvér francia-kanadai.
Para Buck, estos hombres eran de un tipo que nunca había visto antes.

Buck számára ezek az emberek olyanok voltak, amilyeneket még soha nem látott.
En los días venideros conocería a muchos hombres así.
Sok ilyen emberrel fog megismerkedni az elkövetkező napokban.
No llegó a encariñarse con ellos, pero llegó a respetarlos.
Nem szerette meg őket, de tisztelni kezdte őket.
Eran justos y sabios, y no se dejaban engañar fácilmente por ningún perro.
Szépek és bölcsek voltak, és egyetlen kutya sem könnyen becsaphatta őket.
Juzgaban a los perros con calma y castigaban sólo cuando lo merecían.
Nyugodtan ítélték meg a kutyákat, és csak akkor büntették meg őket, ha megérdemelték.
En la cubierta inferior del Narwhal, Buck y Curly se encontraron con dos perros.
A Narvál alsó fedélzetén Buck és Göndör két kutyával találkoztak.
Uno de ellos era un gran perro blanco procedente de la lejana y gélida región de Spitzbergen.
Az egyik egy nagy fehér kutya volt a távoli, jeges Spitzbergákról.
Una vez navegó con un ballenero y se unió a un grupo de investigación.
Egyszer vitorlázott egy bálnavadászhajóval, és csatlakozott egy felderítő csoporthoz.
Era amigable de una manera astuta, deshonesta y tramposa.
Sunyi, alattomos és ravasz módon barátságos volt.
En su primera comida, robó un trozo de carne de la sartén de Buck.
Az első étkezésükkor ellopott egy darab húst Buck serpenyőjéből.
Buck saltó para castigarlo, pero el látigo de François golpeó primero.
Buck felugrott, hogy megbüntesse, de François ostora lecsapott előbb.

El ladrón blanco gritó y Buck recuperó el hueso robado.
A fehér tolvaj felkiáltott, Buck pedig visszaszerezte az ellopott csontot.
Esa imparcialidad impresionó a Buck y François se ganó su respeto.
Ez a pártatlanság lenyűgözte Buckot, és François kiérdemelte a tiszteletét.
El otro perro no saludó y no quiso recibir saludos a cambio.
A másik kutya nem köszöntötte, és viszonzást sem várt.
No robaba comida ni olfateaba con interés a los recién llegados.
Nem lopott ételt, és nem szaglászott érdeklődéssel az újonnan érkezők után.
Este perro era sombrío y silencioso, melancólico y de movimientos lentos.
Ez a kutya komor és csendes, komor és lassú mozgású volt.
Le advirtió a Curly que se mantuviera alejada simplemente mirándola fijamente.
Egyszerűen csak dühösen meredt rá, és figyelmeztette Göndört, hogy maradjon távol.
Su mensaje fue claro: déjenme en paz o habrá problemas.
Az üzenete világos volt: hagyj békén, különben baj lesz.
Se llamaba Dave y apenas se fijaba en su entorno.
Dave-nek hívták, és alig vette észre a környezetét.
Dormía a menudo, comía tranquilamente y bostezaba de vez en cuando.
Gyakran aludt, csendben evett, és időnként ásított is.

El barco zumbaba constantemente con la hélice golpeando debajo.
A hajó folyamatosan zümmögött, miközben lent dübörgött a légcsavar.
Los días pasaron con pocos cambios, pero el clima se volvió más frío.
A napok változatlanul teltek, de az idő egyre hidegebb lett.
Buck podía sentirlo en sus huesos y notó que los demás también lo sentían.

Buck a csontjaiban érezte, és észrevette, hogy a többiek is.
Entonces, una mañana, la hélice se detuvo y todo quedó en silencio.
Aztán egy reggel megállt a légcsavar, és minden elcsendesedett.
Una energía recorrió la nave; algo había cambiado.
Energia söpört végig a hajón; valami megváltozott.
François bajó, les puso las correas y los trajo arriba.
François lejött, pórázt kötött rájuk, és felhozta őket.
Buck salió y encontró el suelo suave, blanco y frío.
Buck kilépett, és a talajt puhának, fehérnek és hidegnek találta.
Saltó hacia atrás alarmado y resopló totalmente confundido.
Riadtan hátraugrott, és teljes zavarodottságában felhorkant.
Una extraña sustancia blanca caía del cielo gris.
Furcsa fehér anyag hullott a szürke égből.
Se sacudió, pero los copos blancos seguían cayendo sobre él.
Megrázta magát, de a fehér pelyhek továbbra is ráhullottak.
Olió con cuidado la sustancia blanca y lamió algunos trocitos helados.
Óvatosan megszagolta a fehér cuccot, és lenyalogatott néhány jeges darabkát.
El polvo ardió como fuego y luego desapareció de su lengua.
A por tűzként égett, majd eltűnt a nyelvéről.
Buck lo intentó de nuevo, desconcertado por la extraña frialdad que desaparecía.
Buck újra próbálkozott, zavarba ejtve a furcsa, eltűnő hidegségtől.
Los hombres que lo rodeaban se rieron y Buck se sintió avergonzado.
A körülötte álló férfiak nevettek, Buck pedig zavarba jött.
No sabía por qué, pero le avergonzaba su reacción.
Nem tudta, miért, de szégyellte a reakcióját.
Fue su primera experiencia con la nieve y le confundió.
Ez volt az első találkozása a hóval, és ez összezavarta.

La ley del garrote y el colmillo
A buzogány és agyar törvénye

El primer día de Buck en la playa de Dyea se sintió como una terrible pesadilla.
Buck első napja a Dyea strandon egy szörnyű rémálomnak tűnt.
Cada hora traía nuevas sorpresas y cambios inesperados para Buck.
Minden óra új megrázkódtatásokat és váratlan változásokat hozott Buck számára.
Lo habían sacado de la civilización y lo habían arrojado a un caos salvaje.
Kiragadták a civilizációból, és vad káoszba taszították.
Aquella no era una vida soleada y tranquila, llena de aburrimiento y descanso.
Ez nem egy napsütéses, lustálkodós élet volt unalommal és pihenéssel.
No había paz, ni descanso, ni momento sin peligro.
Nem volt béke, nem volt pihenés, és nem volt pillanat sem veszélytelenül.
La confusión lo dominaba todo y el peligro siempre estaba cerca.
Zűrzavar uralkodott mindenen, és a veszély mindig közel leselkedett.
Buck tuvo que mantenerse alerta porque estos hombres y perros eran diferentes.
Bucknak ébernek kellett maradnia, mert ezek a férfiak és kutyák mások voltak.
No eran de pueblos; eran salvajes y sin piedad.
Nem városiak voltak; vadak és könyörtelenek voltak.
Estos hombres y perros sólo conocían la ley del garrote y el colmillo.
Ezek a férfiak és kutyák csak a bunkó és az agyar törvényét ismerték.
Buck nunca había visto perros pelear como estos salvajes huskies.

Buck még soha nem látott kutyákat így verekedni, mint ezeket a vad huskykat.

Su primera experiencia le enseñó una lección que nunca olvidaría.

Az első élménye egy olyan leckét adott neki, amit soha nem fog elfelejteni.

Tuvo suerte de que no fuera él, o habría muerto también.

Szerencséje volt, hogy nem ő volt, különben ő is meghalt volna.

Curly fue el que sufrió mientras Buck observaba y aprendía.

Göndör szenvedett, míg Buck figyelte és tanult.

Habían acampado cerca de una tienda construida con troncos.

Egy rönkökből épült bolt közelében vertek tábort.

Curly intentó ser amigable con un husky grande, parecido a un lobo.

Göndör megpróbált barátságos lenni egy nagy, farkasszerű huskyval.

El husky era más pequeño que Curly, pero parecía salvaje y malvado.

A husky kisebb volt, mint Göndör, de vadnak és gonosznak tűnt.

Sin previo aviso, saltó y le abrió el rostro.

Figyelmeztetés nélkül felugrott, és felhasította az arcát.

Sus dientes la atravesaron desde el ojo hasta la mandíbula en un solo movimiento.

Fogai egyetlen mozdulattal vágtak le a szemétől az állkapcsáig.

Así era como peleaban los lobos: golpeaban rápido y saltaban.

Így harcoltak a farkasok – gyorsan csaptak és elugrottak.

Pero había mucho más que aprender de ese único ataque.

De többet lehetett tanulni ebből az egyetlen támadásból.

Decenas de huskies entraron corriendo y formaron un círculo silencioso.

Több tucat husky rohant be, és néma kört alkottak.

Observaron atentamente y se lamieron los labios con hambre.
Figyelmesen nézték, és éhesen nyalogatták az ajkukat.
Buck no entendió su silencio ni sus miradas ansiosas.
Buck nem értette a hallgatásukat vagy a kíváncsi tekintetüket.
Curly se apresuró a atacar al husky por segunda vez.
Göndör másodszor is a husky megtámadására rohant.
Él usó su pecho para derribarla con un movimiento fuerte.
Egy erős mozdulattal a mellkasával lökte fel.
Ella cayó de lado y no pudo levantarse más.
Az oldalára esett, és nem tudott felkelni.
Eso era lo que los demás habían estado esperando todo el tiempo.
Erre vártak a többiek egész végig.
Los perros esquimales saltaron sobre ella, aullando y gruñendo frenéticamente.
A huskyk ráugrottak, őrjöngve ugattak és vicsorogtak.
Ella gritó cuando la enterraron bajo una pila de perros.
Felsikoltott, miközben egy kutyakupac alá temették.
El ataque fue tan rápido que Buck se quedó paralizado por la sorpresa.
A támadás olyan gyors volt, hogy Buck a döbbenettől megdermedt.
Vio a Spitz sacar la lengua de una manera que parecía una risa.
Látta, hogy Spitz kinyújtja a nyelvét, ami úgy hangzott, mintha nevetne.
François cogió un hacha y corrió directamente hacia el grupo de perros.
François megragadott egy fejszét, és egyenesen a kutyák csoportjába rohant.
Otros tres hombres usaron palos para ayudar a ahuyentar a los perros esquimales.
Három másik férfi botokkal verte el a huskykat.
En sólo dos minutos, la pelea terminó y los perros desaparecieron.
Alig két perc múlva vége volt a harcnak, és a kutyák eltűntek.

Curly yacía muerta en la nieve roja y pisoteada, con su cuerpo destrozado.
Göndör holtan feküdt a vörös, letaposott hóban, teste szétszaggatva.
Un hombre de piel oscura estaba de pie sobre ella, maldiciendo la brutal escena.
Egy sötét bőrű férfi állt fölötte, és átkozta a brutális jelenetet.
El recuerdo permaneció con Buck y atormentó sus sueños por la noche.
Az emlék Buckban maradt, és álmaiban kísértette éjszaka.
Así era aquí: sin justicia, sin segundas oportunidades.
Ez volt itt a helyzet: nincs igazságosság, nincs második esély.
Una vez que un perro caía, los demás lo mataban sin piedad.
Ha egy kutya elesett, a többi könyörtelenül ölte.
Buck decidió entonces que nunca se permitiría caer.
Buck ekkor eldöntötte, hogy soha többé nem engedi meg magának, hogy elessen.
Spitz volvió a sacar la lengua y se rió de la sangre.
Spitz ismét kinyújtotta a nyelvét, és nevetett a véren.
Desde ese momento, Buck odió a Spitz con todo su corazón.
Attól a pillanattól kezdve Buck teljes szívéből gyűlölte Spitzet.

Antes de que Buck pudiera recuperarse de la muerte de Curly, sucedió algo nuevo.
Mielőtt Buck magához térhetett volna Göndör halálából, valami új történt.
François se acercó y ató algo alrededor del cuerpo de Buck.
François odajött, és valamit Buck köré tekert.
Era un arnés como los que usaban los caballos en el rancho.
Olyan hám volt, amilyet a tanyán a lovakon használnak.
Así como Buck había visto trabajar a los caballos, ahora él también estaba obligado a trabajar.
Ahogy Buck látta a lovakat dolgozni, most neki is dolgoznia kellett.
Tuvo que arrastrar a François en un trineo hasta el bosque cercano.
Szánkón kellett húznia François-t a közeli erdőbe.

Después tuvo que arrastrar una carga de leña pesada.
Aztán vissza kellett húznia egy rakomány nehéz tűzifát.
Buck era orgulloso, por eso le dolía que lo trataran como a un animal de trabajo.
Buck büszke volt, ezért fájt neki, hogy úgy bántak vele, mint egy munkásállattal.
Pero él era sabio y no intentó luchar contra la nueva situación.
De bölcs volt, és nem próbált megküzdeni az új helyzettel.
Aceptó su nueva vida y dio lo mejor de sí en cada tarea.
Elfogadta az új életet, és minden feladatban a legjobb tudása szerint dolgozott.
Todo en la obra le resultaba extraño y desconocido.
A munkában minden furcsa és ismeretlen volt számára.
Francisco era estricto y exigía obediencia sin demora.
François szigorú volt, és késedelem nélkül engedelmességet követelt.
Su látigo garantizaba que cada orden fuera seguida al instante.
Ostorával gondoskodott arról, hogy minden parancsot azonnal végrehajtsanak.
Dave era el que conducía el trineo, el perro que estaba más cerca de él, detrás de Buck.
Dave volt a kerekes kutya, a kutya állt legközelebb a szánhoz Buck mögött.
Dave mordió a Buck en las patas traseras si cometía un error.
Dave megharapta Buck hátsó lábait, ha hibázott.
Spitz era el perro líder, hábil y experimentado en su función.
Spitz volt a vezető kutya, képzett és tapasztalt volt a szerepben.
Spitz no pudo alcanzar a Buck fácilmente, pero aún así lo corrigió.
Spitz nem tudta könnyen elérni Buckot, de azért kijavította.
Gruñó con dureza o tiró del trineo de maneras que le enseñaron a Buck.
Keményen morgott, vagy olyan módon húzta a szánt, ami Buckot is tanította.

Con este entrenamiento, Buck aprendió más rápido de lo que cualquiera de ellos esperaba.
A képzés során Buck gyorsabban tanult, mint bármelyikük várta.
Trabajó duro y aprendió tanto de François como de los otros perros.
Keményen dolgozott, és tanult mind François-tól, mind a többi kutyától.
Cuando regresaron, Buck ya conocía los comandos clave.
Mire visszatértek, Buck már tudta a legfontosabb parancsokat.
Aprendió a detenerse al oír la palabra "ho" gracias a François.
François-tól tanulta meg, hogy a „ho" hangjára megálljon.
Aprendió cuando tenía que tirar del trineo y correr.
Megtanulta, mikor kellett húznia a szánt és futnia.
Aprendió a girar abiertamente en las curvas del camino sin problemas.
Megtanulta, hogy gond nélkül szélesre kanyarodjon az ösvény kanyarulataiban.
También aprendió a evitar a Dave cuando el trineo descendía rápidamente.
Azt is megtanulta, hogy kerülje el Davet, amikor a szán gyorsan gurult lefelé.
"Son perros muy buenos", le dijo orgulloso François a Perrault.
„Nagyon jó kutyák" – mondta François büszkén Perrault-nak.
"Ese Buck tira como un demonio. Le enseño rapidísimo".
„Ez a Buck iszonyatosan jól húz – én gyorsan megtanítom."

Más tarde ese día, Perrault regresó con dos perros husky más.
Később aznap Perrault még két husky kutyával tért vissza.
Se llamaban Billee y Joe y eran hermanos.
Billee és Joe volt a nevük, és testvérek voltak.
Venían de la misma madre, pero no se parecían en nada.
Ugyanattól az anyától származtak, de egyáltalán nem voltak hasonlóak.

Billee era de carácter dulce y muy amigable con todos.
Billee kedves természetű és túlságosan barátságos volt mindenkivel.
Joe era todo lo contrario: tranquilo, enojado y siempre gruñendo.
Joe az ellentéte volt – csendes, dühös és mindig vicsorgó.
Buck los saludó de manera amigable y se mostró tranquilo con ambos.
Buck barátságosan üdvözölte őket, és nyugodt volt mindkettőjükkel.
Dave no les prestó atención y permaneció en silencio como siempre.
Dave nem figyelt rájuk, és szokásához híven csendben maradt.
Spitz atacó primero a Billee, luego a Joe, para demostrar su dominio.
Spitz először Billee-t, majd Joe-t támadta meg, hogy megmutassa dominanciáját.
Billee movió la cola y trató de ser amigable con Spitz.
Billee csóválta a farkát, és megpróbált barátságos lenni Spitzhez.
Cuando eso no funcionó, intentó huir.
Amikor ez nem sikerült, inkább megpróbált elmenekülni.
Lloró tristemente cuando Spitz lo mordió fuerte en el costado.
Szomorúan sírt, amikor Spitz erősen megharapta az oldalát.
Pero Joe era muy diferente y se negaba a dejarse intimidar.
De Joe egészen más volt, és nem hagyta magát zaklatni.
Cada vez que Spitz se acercaba, Joe giraba rápidamente para enfrentarlo.
Valahányszor Spitz a közelébe ért, Joe gyorsan megfordult, hogy szembenézzen vele.
Su pelaje se erizó, sus labios se curvaron y sus dientes chasquearon salvajemente.
Felborzolta a bundáját, felkunkorodott az ajka, és vadul csattogtak a fogai.
Los ojos de Joe brillaron de miedo y rabia, desafiando a Spitz a atacar.

Joe szeme félelemtől és dühtől csillogott, ahogy Spitzet lecsapásra sürgette.
Spitz abandonó la lucha y se alejó, humillado y enojado.
Spitz feladta a harcot, és megalázva, dühösen elfordult.
Descargó su frustración en el pobre Billee y lo ahuyentó.
Szegény Billee-n vezette le a dühét, és elkergette.
Esa noche, Perrault añadió un perro más al equipo.
Azon az estén Perrault még egy kutyával bővítette a csapatot.
Este perro era viejo, delgado y cubierto de cicatrices de batalla.
Ez a kutya öreg, sovány volt, és harci sebek borították.
Le faltaba un ojo, pero el otro brillaba con poder.
Az egyik szeme hiányzott, de a másik erőtől csillogott.
El nombre del nuevo perro era Solleks, que significaba "el enojado".
Az új kutya neve Solleks volt, ami a Mérges Embert jelentette.
Al igual que Dave, Solleks no pidió nada a los demás y no dio nada a cambio.
Dave-hez hasonlóan Solleks sem kért semmit másoktól, és semmit sem adott cserébe.
Cuando Solleks entró lentamente al campamento, incluso Spitz se mantuvo alejado.
Amikor Solleks lassan bevonult a táborba, még Spitz is távol maradt.
Tenía un hábito extraño que Buck tuvo la mala suerte de descubrir.
Volt egy furcsa szokása, amit Buck balszerencséjére felfedezett.
A Solleks le disgustaba que se acercaran a él por el lado donde estaba ciego.
Solleks utálta, ha arról az oldalról közelítették meg, ahol vak volt.
Buck no sabía esto y cometió ese error por accidente.
Buck ezt nem tudta, és véletlenül követte el ezt a hibát.
Solleks se dio la vuelta y cortó el hombro de Buck profunda y rápidamente.
Solleks megpördült, és mélyen, gyorsan megvágta Buck vállát.

A partir de ese momento, Buck nunca se acercó al lado ciego de Solleks.
Attól a pillanattól kezdve Buck soha többé nem került Solleks szem elől.
Nunca volvieron a tener problemas durante el resto del tiempo que estuvieron juntos.
Az együtt töltött idejük hátralévő részében soha többé nem volt bajuk.
Solleks sólo quería que lo dejaran solo, como el tranquilo Dave.
Solleks csak arra vágyott, hogy békén hagyják, mint a csendes Dave.
Pero Buck se enteraría más tarde de que cada uno tenía otro objetivo secreto.
De Buck később megtudta, hogy mindkettőjüknek volt egy másik titkos célja is.
Esa noche, Buck se enfrentó a un nuevo y preocupante desafío: cómo dormir.
Azon az éjszakán Buck egy új és nyugtalanító kihívással nézett szembe – hogyan aludjon el.
La tienda brillaba cálidamente con la luz de las velas en el campo nevado.
A sátor melegen világított a gyertyafényben a havas mezőn.
Buck entró, pensando que podría descansar allí como antes.
Buck belépett, és arra gondolt, hogy ott is ugyanúgy kipihenheti magát, mint azelőtt.
Pero Perrault y François le gritaron y le lanzaron sartenes.
De Perrault és François ráordítottak és serpenyőket dobáltak.
Sorprendido y confundido, Buck corrió hacia el frío helado.
Buck megdöbbenve és zavartan kirohant a dermesztő hidegbe.
Un viento amargo le azotó el hombro herido y le congeló las patas.
Keserű szél csípte sebesült vállát és megdermedtették a mancsait.
Se tumbó en la nieve y trató de dormir al aire libre.
Lefeküdt a hóba, és megpróbált kint aludni a szabadban.

Pero el frío pronto le obligó a levantarse de nuevo, temblando mucho.
De a hideg hamarosan arra kényszerítette, hogy felkeljen, és erősen remegett.
Deambuló por el campamento intentando encontrar un lugar más cálido.
Átbotorkált a táboron, melegebb helyet keresve.
Pero cada rincón estaba tan frío como el anterior.
De minden sarok ugyanolyan hideg volt, mint az előző.
A veces, perros salvajes saltaban sobre él desde la oscuridad.
Néha vad kutyák ugrottak rá a sötétségből.
Buck erizó su pelaje, mostró los dientes y gruñó en señal de advertencia.
Buck felborzolta a bundáját, kivillantotta a fogát, és figyelmeztetően vicsorgott.
Estaba aprendiendo rápido y los otros perros se alejaban rápidamente.
Gyorsan tanult, a többi kutya pedig gyorsan hátrált.
Aún así, no tenía dónde dormir ni idea de qué hacer.
Mégis, nem volt hol aludnia, és fogalma sem volt, mitévő legyen.
Por fin se le ocurrió una idea: ver cómo estaban sus compañeros de equipo.
Végre eszébe jutott egy gondolat – megnézni, hogy vannak-e a csapattársai.
Regresó a su zona y se sorprendió al descubrir que habían desaparecido.
Visszatért a környékükre, és meglepődve látta, hogy eltűntek.
Nuevamente buscó por todo el campamento, pero todavía no pudo encontrarlos.
Újra átkutatta a tábort, de még mindig nem találta őket.
Sabía que ellos no podían estar en la tienda, o él también lo estaría.
Tudta, hogy nem lehetnek a sátorban, különben ő is ott lenne.
Entonces ¿a dónde se habían ido todos los perros en este campamento helado?
Hová tűntek a kutyák ebben a fagyos táborban?

Buck, frío y miserable, caminó lentamente alrededor de la tienda.
Buck, fázva és nyomorultan, lassan körözött a sátor körül.
De repente, sus patas delanteras se hundieron en la nieve blanda y lo sobresaltó.
Hirtelen mellső lábai a puha hóba süllyedtek, és megijesztették.
Algo se movió bajo sus pies y saltó hacia atrás asustado.
Valami megmozdult a lába alatt, és ijedtében hátraugrott.
Gruñó y rugió sin saber qué había debajo de la nieve.
Morgott és vicsorgott, fogalma sem volt, mi rejlik a hó alatt.
Entonces oyó un ladrido amistoso que alivió su miedo.
Aztán egy barátságos kis ugatást hallott, ami enyhítette a félelmét.
Olfateó el aire y se acercó para ver qué estaba oculto.
Beleszimatolt a levegőbe, és közelebb jött, hogy lássa, mi rejtőzik.
Bajo la nieve, acurrucada en una bola cálida, estaba la pequeña Billee.
A hó alatt, meleg gombóccá összegömbölyödve feküdt a kis Billee.
Billee movió la cola y lamió la cara de Buck para saludarlo.
Billee farkcsóválva megnyalta Buck arcát, hogy üdvözölje.
Buck vio cómo Billee había hecho un lugar para dormir en la nieve.
Buck látta, hogyan készített Billee magának alvóhelyet a hóban.
Había cavado y usado su propio calor para mantenerse caliente.
Leásta magát, és a saját hőjét használta fel melegen.
Buck había aprendido otra lección: así era como dormían los perros.
Buck egy újabb leckét tanult meg – így aludtak a kutyák.
Eligió un lugar y comenzó a cavar su propio hoyo en la nieve.
Kiválasztott egy helyet, és elkezdte ásni a saját gödrét a hóban.
Al principio, se movía demasiado y desperdiciaba energía.

Először túl sokat mozgott, és ezzel energiát pazarolt.
Pero pronto su cuerpo calentó el espacio y se sintió seguro.
De hamarosan a teste felmelegítette a teret, és biztonságban érezte magát.
Se acurrucó fuertemente y al poco tiempo estaba profundamente dormido.
Szorosan összegömbölyödött, és nemsokára mélyen elaludt.
El día había sido largo y duro, y Buck estaba exhausto.
Hosszú és nehéz nap volt, Buck pedig kimerült.
Durmió profundamente y cómodamente, aunque sus sueños fueron salvajes.
Mélyen és kényelmesen aludt, bár álmai vadul teltek voltak.
Gruñó y ladró mientras dormía, retorciéndose mientras soñaba.
Morgott és ugatott álmában, fészkelődve álmodás közben.

Buck no se despertó hasta que el campamento ya estaba cobrando vida.
Buck csak akkor ébredt fel, amikor a tábor már életre kelt.
Al principio, no sabía dónde estaba ni qué había sucedido.
Először azt sem tudta, hol van, vagy mi történt.
Había nevado durante la noche y había enterrado completamente su cuerpo.
Az éjszaka folyamán hó esett, és teljesen eltemette a testét.
La nieve lo apretaba por todos lados.
A hó minden oldalról szorosan körülvette.
De repente, una ola de miedo recorrió todo el cuerpo de Buck.
Hirtelen félelemhullám söpört végig Buck egész testén.
Era el miedo a quedar atrapado, un miedo que provenía de instintos profundos.
A csapdába eséstől való félelem volt, mélyen gyökerező ösztönökből fakadó félelem.
Aunque nunca había visto una trampa, el miedo vivía dentro de él.
Bár még soha nem látott csapdát, a félelem benne élt.

Era un perro domesticado, pero ahora sus viejos instintos salvajes estaban despertando.
Szelíd kutya volt, de most régi, vad ösztönei kezdtek felébredni.
Los músculos de Buck se tensaron y se le erizó el pelaje por toda la espalda.
Buck izmai megfeszültek, és a hátán felállt a szőre.
Gruñó ferozmente y saltó hacia arriba a través de la nieve.
Vadul felvicsorgott, és egyenesen felugrott a hóba.
La nieve voló en todas direcciones cuando estalló la luz del día.
Hó repült minden irányba, ahogy kitört a napfényre.
Incluso antes de aterrizar, Buck vio el campamento extendido ante él.
Még a partraszállás előtt Buck látta maga előtt a szétterülő tábort.
Recordó todo del día anterior, de repente.
Egyszerre mindenre emlékezett az előző napról.
Recordó pasear con Manuel y terminar en ese lugar.
Emlékezett rá, ahogy Manuellel sétáltunk, és végül itt kötöttünk ki.
Recordó haber cavado el hoyo y haberse quedado dormido en el frío.
Emlékezett rá, hogy megásta a gödröt, és elaludt a hidegben.
Ahora estaba despierto y el mundo salvaje que lo rodeaba estaba claro.
Most már ébren volt, és a körülötte lévő vad világ tiszta volt.
Un grito de François saludó la repentina aparición de Buck.
François kiáltása üdvözölte Buck hirtelen megjelenését.
—¿Qué te dije? —gritó en voz alta el conductor del perro a Perrault.
– Mit mondtam? – kiáltotta hangosan Perrault-nak a kutyahajcsár.
"Ese Buck sin duda aprende muy rápido", añadió François.
„Az a Buck tényleg gyorsan tanul, mint bármi más" – tette hozzá François.

Perrault asintió gravemente, claramente satisfecho con el resultado.

Perrault komolyan bólintott, láthatóan elégedett volt az eredménnyel.

Como mensajero del gobierno canadiense, transportaba despachos.

A kanadai kormány futárjaként küldeményeket kézbesített.

Estaba ansioso por encontrar los mejores perros para su importante misión.

Alig várta, hogy megtalálja a legjobb kutyákat fontos küldetéséhez.

Se sintió especialmente complacido ahora que Buck era parte del equipo.

Különösen örült most, hogy Buck a csapat tagja lett.

Se agregaron tres huskies más al equipo en una hora.

Egy órán belül további három husky került a csapatba.

Eso elevó el número total de perros en el equipo a nueve.

Ezzel a csapatban lévő kutyák teljes száma kilencre emelkedett.

En quince minutos todos los perros estaban en sus arneses.

Tizenöt percen belül az összes kutya a hámjában volt.

El equipo de trineos avanzaba por el sendero hacia Dyea Cañón.

A szánkócsapat Dyea Cañon felé döcögött felfelé az ösvényen.

Buck se sintió contento de partir, incluso si el trabajo que tenía por delante era duro.

Buck örült, hogy elmehet, még ha nehéz is volt a munka.

Descubrió que no despreciaba especialmente el trabajo ni el frío.

Rájött, hogy nem utálta különösebben a munkát vagy a hideget.

Le sorprendió el entusiasmo que llenaba a todo el equipo.

Meglepte a lelkesedés, ami az egész csapatot eltöltötte.

Aún más sorprendente fue el cambio que se produjo en Dave y Solleks.

Még meglepőbb volt a változás, ami Dave-vel és Solleksszel történt.

Estos dos perros eran completamente diferentes cuando estaban enjaezados.
Ez a két kutya teljesen más volt, amikor befogták őket.
Su pasividad y falta de preocupación habían desaparecido por completo.
Passzivitásuk és közönyük teljesen eltűnt.
Estaban alertas y activos, y ansiosos por hacer bien su trabajo.
Éberek és aktívak voltak, és igyekeztek jól elvégezni a munkájukat.
Se irritaban ferozmente ante cualquier cosa que causara retraso o confusión.
Hevesen ingerültek lettek bármitől, ami késedelmet vagy zavart okozott.
El duro trabajo en las riendas era el centro de todo su ser.
A gyeplőn végzett kemény munka volt egész lényük középpontjában.
Tirar del trineo parecía ser lo único que realmente disfrutaban.
Úgy tűnt, a szánhúzás az egyetlen dolog, amit igazán élveztek.
Dave estaba en la parte de atrás del grupo, más cerca del trineo.
Dave a csoport hátulján volt, legközelebb magához a szánhoz.
Buck fue colocado delante de Dave, y Solleks se adelantó a Buck.
Buckot Dave elé ültették, Solleks pedig Buck elé húzott.
El resto de los perros estaban dispersos adelante, en una sola fila.
A többi kutya egyetlen sort alkotva terelődött előre.
La posición de cabeza en la parte delantera quedó ocupada por Spitz.
Az élvonalban a vezető pozíciót Spitz töltötte be.
Buck había sido colocado entre Dave y Solleks para recibir instrucción.
Buckot Dave és Solleks közé helyezték oktatás céljából.
Él aprendía rápido y sus profesores eran firmes y capaces.

Gyorsan tanult, a tanárok pedig határozottak és rátermettek voltak.
Nunca permitieron que Buck permaneciera en el error por mucho tiempo.
Soha nem engedték, hogy Buck sokáig tévedésben maradjon.
Enseñaron sus lecciones con dientes afilados cuando era necesario.
Éles fogakkal tanították a leckéiket, ha kellett.
Dave era justo y mostraba un tipo de sabiduría tranquila y seria.
Dave igazságos volt, és csendes, komoly bölcsességről tanúskodott.
Él nunca mordió a Buck sin una buena razón para hacerlo.
Soha nem harapta meg Buckot alapos ok nélkül.
Pero nunca dejó de morder cuando Buck necesitaba corrección.
De sosem mulasztotta el a harapást, amikor Bucknak helyreigazításra volt szüksége.
El látigo de Francisco estaba siempre listo y respaldaba su autoridad.
François ostora mindig készen állt, és alátámasztotta tekintélyüket.
Buck pronto descubrió que era mejor obedecer que defenderse.
Buck hamarosan rájött, hogy jobb engedelmeskedni, mint visszatámadni.
Una vez, durante un breve descanso, Buck se enredó en las riendas.
Egyszer, egy rövid pihenő alatt, Buck beleakadt a gyeplőbe.
Retrasó el inicio y confundió los movimientos del equipo.
Késleltette a kezdést és összezavarta a csapat mozgását.
Dave y Solleks se abalanzaron sobre él y le dieron una paliza brutal.
Dave és Solleks rárontottak, és durván megverték.
El enredo sólo empeoró, pero Buck aprendió bien la lección.
A gubanc csak rosszabb lett, de Buck jól megtanulta a leckét.

A partir de entonces, mantuvo las riendas tensas y trabajó con cuidado.
Ettől kezdve feszesen tartotta a gyeplőt, és óvatosan dolgozott.
Antes de que terminara el día, Buck había dominado gran parte de su tarea.
Mire a nap véget ért, Buck már nagyrészt elsajátította a feladatát.
Sus compañeros casi dejaron de corregirlo y morderlo.
A csapattársai szinte abbahagyták a firtatását vagy a harapdálását.
El látigo de François resonaba cada vez con menos frecuencia en el aire.
François ostora egyre ritkábban csattant a levegőben.
Perrault incluso levantó los pies de Buck y examinó cuidadosamente cada pata.
Perrault még Buck lábait is felemelte, és gondosan megvizsgálta mindegyik mancsot.
Había sido un día de carrera duro, largo y agotador para todos ellos.
Kemény, hosszú és kimerítő futásnap volt ez mindannyiuk számára.
Viajaron por el Cañón, atravesando Sheep Camp y pasando por Scales.
Felmentek a Cañonon, át Sheep Campen, és elhaladtak a Scales-hegység mellett.
Cruzaron la línea de árboles, luego glaciares y bancos de nieve de muchos metros de profundidad.
Átlépték az erdőhatárt, majd gleccsereket és több méter mély hótorlaszokat.
Escalaron la gran, fría y prohibitiva divisoria de Chilkoot.
Megmászták a nagy hideget és a félelmetes Chilkoot-hágót.
Esa alta cresta se encontraba entre el agua salada y el interior helado.
Az a magas gerinc a sós víz és a fagyott belső tér között állt.
Las montañas custodiaban con hielo y empinadas subidas el triste y solitario Norte.

A hegyek jéggel és meredek emelkedőkkel őrizték a szomorú és magányos Északot.
Avanzaron a buen ritmo por una larga cadena de lagos debajo de la divisoria.
Jól haladtak lefelé a vízválasztó alatti hosszú tóláncon.
Esos lagos llenaban los antiguos cráteres de volcanes extintos.
Ezek a tavak kialudt vulkánok ősi krátereit töltötték meg.
Tarde esa noche, llegaron a un gran campamento en el lago Bennett.
Késő este elérték a Bennett-tónál lévő nagy tábort.
Miles de buscadores de oro estaban allí, construyendo barcos para la primavera.
Több ezer aranyásó volt ott, csónakokat építettek a tavaszra.
El hielo se rompería pronto y tenían que estar preparados.
A jég hamarosan felszakadozott, és készen kellett állniuk.
Buck cavó su hoyo en la nieve y cayó en un sueño profundo.
Buck ásta a gödröt a hóban, és mély álomba zuhant.
Durmió como un trabajador, exhausto por la dura jornada de trabajo.
Úgy aludt, mint egy munkásember, kimerülten a kemény munkanaptól.
Pero demasiado pronto, en la oscuridad, fue sacado del sueño.
De túl korán a sötétben, felrángatták álmából.
Fue enganchado nuevamente con sus compañeros y sujeto al trineo.
Újra befogták a társaival, és a szánhoz erősítették.
Aquel día hicieron cuarenta millas, porque la nieve estaba muy pisoteada.
Azon a napon negyven mérföldet tettek meg, mivel a hó alaposan le volt taposva.
Al día siguiente, y durante muchos días más, la nieve estaba blanda.
Másnap, és még sok-sok azután is, a hó puha volt.
Tuvieron que hacer el camino ellos mismos, trabajando más duro y moviéndose más lento.

Maguknak kellett megtenniük az utat, keményebben dolgozva és lassabban haladva.
Por lo general, Perrault caminaba delante del equipo con raquetas de nieve palmeadas.
Perrault általában úszóhártyás hótalpakkal haladt a csapat előtt.
Sus pasos compactaron la nieve, facilitando el movimiento del trineo.
Léptei belenyomták a havat, megkönnyítve ezzel a szán mozgását.
François, que dirigía el barco desde la dirección, a veces tomaba el relevo.
François, aki a gearboomról kormányzott, néha átvette az irányítást.
Pero era raro que François tomara la iniciativa.
De ritkán fordult elő, hogy François átvette a vezetést.
porque Perrault tenía prisa por entregar las cartas y los paquetes.
mert Perrault sietett a levelek és csomagok kézbesítésével.
Perrault estaba orgulloso de su conocimiento de la nieve, y especialmente del hielo.
Perrault büszke volt a hóval, és különösen a jéggel kapcsolatos ismereteire.
Ese conocimiento era esencial porque el hielo en otoño era peligrosamente delgado.
Ez a tudás elengedhetetlen volt, mivel az őszi jég veszélyesen vékony volt.
Allí donde el agua fluía rápidamente bajo la superficie, no había hielo en absoluto.
Ahol a víz gyorsan áramlott a felszín alatt, ott egyáltalán nem volt jég.

Día tras día, la misma rutina se repetía sin fin.
Napról napra ugyanaz a rutin ismétlődött vég nélkül.
Buck trabajó incansablemente en las riendas desde el amanecer hasta la noche.
Buck hajnaltól estig szüntelenül gürcölt a gyeplőben.

Abandonaron el campamento en la oscuridad, mucho antes de que saliera el sol.
Sötétben hagyták el a tábort, jóval napkelte előtt.
Cuando amaneció, ya habían recorrido muchos kilómetros.
Mire megvirradt, már sok kilométert maguk mögött hagytak.
Acamparon después del anochecer, comieron pescado y excavaron en la nieve.
Sötétedés után vertek tábort, halat ettek és a hóba ásták magukat.
Buck siempre tenía hambre y nunca estaba realmente satisfecho con su ración.
Buck mindig éhes volt, és soha nem volt igazán elégedett az adagjával.
Recibía una libra y media de salmón seco cada día.
Naponta másfél font szárított lazacot kapott.
Pero la comida parecía desaparecer dentro de él, dejando atrás el hambre.
De az étel mintha eltűnt volna belőle, hátrahagyva az éhséget.
Sufría constantes dolores de hambre y soñaba con más comida.
Állandó éhség gyötörte, és arról álmodozott, hogy több ételt kap.
Los otros perros sólo ganaron una libra, pero se mantuvieron fuertes.
A többi kutya csak egy fontnyi ételt kapott, de erősek maradtak.
Eran más pequeños y habían nacido en la vida del norte.
Kisebbek voltak, és az északi életbe születtek.
Perdió rápidamente la meticulosidad que había caracterizado su antigua vida.
Gyorsan elvesztette azt a finnyásságot, ami régi életét jellemezte.
Había sido un comensal delicado, pero ahora eso ya no era posible.
Régen ínycsiklandó evő volt, de most ez már nem volt lehetséges.

Sus compañeros terminaron primero y le robaron su ración sobrante.
A társai végeztek először, és elrabolták a megmaradt adagját.
Una vez que empezaron, no había forma de defender su comida de ellos.
Miután elkezdték, nem volt módja megvédeni az ételét tőlük.
Mientras él luchaba contra dos o tres perros, los otros le robaron el resto.
Míg ő két-három kutyát elűzött, a többiek ellopták a többit.
Para solucionar esto, comenzó a comer tan rápido como los demás.
Hogy ezt helyrehozza, olyan gyorsan kezdett enni, mint a többiek.
El hambre lo empujó tan fuerte que incluso tomó comida que no era suya.
Az éhség annyira hajtotta, hogy még a saját ételét is elfogyasztotta.
Observó a los demás y aprendió rápidamente de sus acciones.
Figyelte a többieket, és gyorsan tanult a tetteikből.
Vio a Pike, un perro nuevo, robarle una rebanada de tocino a Perrault.
Látta, ahogy Pike, az új kutya, ellop egy szelet szalonnát Perrault-tól.
Pike había esperado hasta que Perrault se dio la espalda para robarle el tocino.
Pike megvárta, amíg Perrault hátat fordít, hogy ellopja a szalonnát.
Al día siguiente, Buck copió a Pike y robó todo el trozo.
Másnap Buck lemásolta Pike-ot, és ellopta az egészet.
Se produjo un gran alboroto, pero no se sospechó de Buck.
Nagy felfordulás támadt, de Buckot senki sem gyanúsította.
Dub, un perro torpe que siempre era atrapado, fue castigado.
Ehelyett Dubot, az ügyetlen kutyát büntették meg, akit mindig elkaptak.
Ese primer robo marcó a Buck como un perro apto para sobrevivir en el Norte.

Az első lopás Buckot olyan kutyává tette, aki képes túlélni az északi vidéket.
Demostró que podía adaptarse a nuevas condiciones y aprender rápidamente.
Megmutatta, hogy gyorsan tud alkalmazkodni az új körülményekhez és tanul.
Sin esa adaptabilidad, habría muerto rápida y gravemente.
Ilyen alkalmazkodóképesség nélkül gyorsan és rosszul halt volna meg.
También marcó el colapso de su naturaleza moral y de sus valores pasados.
Ez erkölcsi természetének és múltbeli értékeinek összeomlását is jelentette.
En el Sur, había vivido bajo la ley del amor y la bondad.
Délvidéken a szeretet és a kedvesség törvénye szerint élt.
Allí tenía sentido respetar la propiedad y los sentimientos de los otros perros.
Ott volt értelme tiszteletben tartani a tulajdont és más kutyák érzéseit.
Pero en el Norte se aplicaba la ley del garrote y la ley del colmillo.
De Északföld a bunkó és az agyar törvényét követte.
Quienquiera que respetara los viejos valores aquí sería un tonto y fracasaría.
Aki itt a régi értékeket tisztelte, az ostoba volt, és el fog bukni.
Buck no razonó todo esto en su mente.
Buck mindezt nem gondolta végig magában.
Estaba en forma y se adaptó sin necesidad de pensar.
Fitt volt, így gondolkodás nélkül alkalmazkodott.
Durante toda su vida, nunca había huido de una pelea.
Egész életében soha nem futott el harc elől.
Pero el garrote de madera del hombre del suéter rojo cambió esa regla.
De a piros pulóveres férfi fa bunkója megváltoztatta ezt a szabályt.
Ahora seguía un código más profundo y antiguo escrito en su ser.

Most egy mélyebb, régebbi, a lényébe bevésődött kódot követett.
No robó por placer sino por el dolor del hambre.
Nem élvezetből lopott, hanem az éhség kínjától.
Él nunca robaba abiertamente, sino que hurtaba con astucia y cuidado.
Soha nem rabolt nyíltan, hanem ravaszul és körültekintően lopott.
Actuó por respeto al garrote de madera y por miedo al colmillo.
A fabáb iránti tiszteletből és az agyartól való félelemből cselekedett.
En resumen, hizo lo que era más fácil y seguro que no hacerlo.
Röviden, azt tette, ami könnyebb és biztonságosabb volt, mint a meg nem tétele.
Su desarrollo —o quizás su regreso a los viejos instintos— fue rápido.
A fejlődése – vagy talán a régi ösztöneihez való visszatérése – gyors volt.
Sus músculos se endurecieron hasta sentirse tan fuertes como el hierro.
Izmai addig keményedtek, amíg olyan erősnek nem érezték magukat, mint a vas.
Ya no le importaba el dolor, a menos que fuera grave.
Már nem törődött a fájdalommal, kivéve, ha komoly volt.
Se volvió eficiente por dentro y por fuera, sin desperdiciar nada.
Kívül-belül hatékony lett, semmit sem pazarolt.
Podía comer cosas viles, podridas o difíciles de digerir.
Képes volt undorító, romlott vagy nehezen emészthető dolgokat enni.
Todo lo que comía, su estómago aprovechaba hasta el último vestigio de valor.
Bármit is evett, a gyomra az utolsó morzsáig felhasználta.
Su sangre transportaba los nutrientes a través de su poderoso cuerpo.

Vére messzire szállította a tápanyagokat erős testében.
Esto creó tejidos fuertes que le dieron una resistencia increíble.
Ez erős szöveteket épített ki, amelyek hihetetlen kitartást biztosítottak számára.
Su vista y su olfato se volvieron mucho más sensibles que antes.
A látása és a szaglása sokkal érzékenyebbé vált, mint korábban.
Su audición se agudizó tanto que podía detectar sonidos débiles durante el sueño.
A hallása annyira kiélesedett, hogy álmában is halvány hangokat tudott hallani.
Sabía en sueños si los sonidos significaban seguridad o peligro.
Álmaiban tudta, hogy a hangok biztonságot vagy veszélyt jelentenek.
Aprendió a morder el hielo entre los dedos de los pies con los dientes.
Megtanulta, hogyan harapja a fogaival a jégbe a lábujjai között.
Si un charco de agua se congelaba, rompía el hielo con las piernas.
Ha egy itatóhely befagyott, a lábaival törte fel a jeget.
Se encabritó y golpeó con fuerza el hielo con sus rígidas patas delanteras.
Felágaskodott, és merev mellső lábaival keményen a jégre csapódott.
Su habilidad más sorprendente era predecir los cambios del viento durante la noche.
Legfeltűnőbb képessége az éjszakai szélváltozások előrejelzése volt.
Incluso cuando el aire estaba quieto, elegía lugares protegidos del viento.
Még szélcsendben is szélvédett helyeket választott.
Dondequiera que cavaba su nido, el viento del día siguiente lo pasaba de largo.

Ahol fészket ásott, a másnapi szél elsuhant mellette.
Siempre acababa abrigado y protegido, a sotavento de la brisa.
Mindig kényelmesen és védve feküdt, a szellő elől védve.
Buck no sólo aprendió con la experiencia: sus instintos también regresaron.
Buck nemcsak tapasztalatból tanult – az ösztönei is visszatértek.
Los hábitos de las generaciones domesticadas comenzaron a desaparecer.
A megszelídített generációk szokásai elkezdtek hanyatlani.
De manera vaga, recordaba los tiempos antiguos de su raza.
Homályosan emlékezett fajtája ősi időire.
Recordó cuando los perros salvajes corrían en manadas por los bosques.
Visszagondolt azokra az időkre, amikor a vadkutyák falkákban szaladgáltak az erdőkben.
Habían perseguido y matado a su presa mientras la perseguían.
Üldözték és megölték prédájukat, miközben lefuttatták.
Para Buck fue fácil aprender a pelear con dientes y velocidad.
Bucknak könnyű volt megtanulnia, hogyan kell foggal és gyorsan harcolni.
Utilizaba cortes, tajos y chasquidos rápidos igual que sus antepasados.
Vágásokat, vágásokat és gyors csettintéseket használt, akárcsak ősei.
Aquellos antepasados se agitaron dentro de él y despertaron su naturaleza salvaje.
Azok az ősök megmozdultak benne, és felébresztették vad természetét.
Sus antiguas habilidades habían pasado a él a través de la línea de sangre.
Régi képességeik vérvonalon keresztül öröklődtek át rá.
Sus trucos ahora eran suyos, sin necesidad de práctica ni esfuerzo.

A trükkjeik most már az övéi voltak, gyakorlás vagy erőfeszítés nélkül.

En las noches frías y quietas, Buck levantaba la nariz y aullaba.
Csendes, hideg éjszakákon Buck felemelte az orrát és vonyított.
Aulló largo y profundamente, como lo hacían los lobos antaño.
Hosszan és mélyen vonyított, ahogy a farkasok tették régesrégen.
A través de él, sus antepasados muertos apuntaron sus narices y aullaron.
Rajta keresztül halott ősei orrukat hegyezve üvöltöttek.
Aullaron a través de los siglos con su voz y su forma.
Hangján és alakján keresztül üvöltöttek lefelé az évszázadokon.
Sus cadencias eran las de ellos, viejos gritos que hablaban de dolor y frío.
A hangja az övék volt, régi kiáltások, melyek a bánatról és a hidegről árulkodtak.
Cantaron sobre la oscuridad, el hambre y el significado del invierno.
A sötétségről, az éhségről és a tél jelentéséről énekeltek.
Buck demostró cómo la vida está determinada por fuerzas ajenas a uno mismo.
Buck bebizonyította, hogy az életet rajtunk kívül álló erők alakítják,
La antigua canción se elevó a través de Buck y se apoderó de su alma.
Az ősi dal felszállt Buckból, és megragadta a lelkét.
Se encontró a sí mismo porque los hombres habían encontrado oro en el Norte.
Azért találta meg önmagát, mert az emberek aranyat találtak Északon.
Y se encontró porque Manuel, el ayudante del jardinero, necesitaba dinero.

És azért találta magát, mert Manuelnek, a kertész segédjének, pénzre volt szüksége.

La Bestia Primordial Dominante
Az uralkodó ősállat

La bestia primordial dominante era tan fuerte como siempre en Buck.
A domináns ősállat Buckban ugyanolyan erős volt, mint valaha.
Pero la bestia primordial dominante yacía latente en él.
De az uralkodó ősállat szunnyadt benne.
La vida en el camino era dura, pero fortalecía a la bestia que Buck llevaba dentro.
Az ösvényen töltött élet kemény volt, de megerősítette Buckban a benne rejlő vadállatot.
En secreto, la bestia se hacía cada día más fuerte.
Titokban a szörnyeteg minden egyes nappal erősebb és erősebb lett.
Pero ese crecimiento interior permaneció oculto para el mundo exterior.
De ez a belső fejlődés rejtve maradt a külvilág számára.
Una fuerza primordial, tranquila y calmada se estaba construyendo dentro de Buck.
Egy csendes és nyugodt, ősi erő épült Buckban.
Una nueva astucia le proporcionó a Buck equilibrio, calma, control y aplomo.
Az új ravaszság egyensúlyt, nyugodt önuralom és higgadtságot kölcsönzött Bucknak.
Buck se concentró mucho en adaptarse, sin sentirse nunca totalmente relajado.
Buck erősen az alkalmazkodásra koncentrált, sosem érezte magát teljesen ellazultnak.

Él evitaba los conflictos, nunca iniciaba peleas ni buscaba problemas.
Kerülte a konfliktusokat, soha nem kezdett verekedéseket, és nem kereste a bajt.
Una reflexión lenta y constante moldeó cada movimiento de Buck.
Buck minden mozdulatát lassú, de biztos megfontolás jellemezte.
Evitó las elecciones precipitadas y las decisiones repentinas e imprudentes.
Kerülte a meggondolatlan döntéseket és a hirtelen, meggondolatlan döntéseket.
Aunque Buck odiaba profundamente a Spitz, no le mostró ninguna agresión.
Bár Buck mélységesen gyűlölte Spitzet, nem mutatott vele szemben agressziót.
Buck nunca provocó a Spitz y mantuvo sus acciones moderadas.
Buck soha nem provokálta Spitzet, és visszafogottan cselekedett.
Spitz, por otro lado, percibió el creciente peligro en Buck.
Spitz viszont érezte a Buckban növekvő veszélyt.
Él veía a Buck como una amenaza y un serio desafío a su poder.
Buckot fenyegetésnek és hatalma komoly kihívásának tekintette.
Aprovechó cada oportunidad para gruñir y mostrar sus afilados dientes.
Minden alkalmat megragadott, hogy vicsorogjon és megmutassa éles fogait.
Estaba tratando de iniciar la pelea mortal que estaba por venir.
Megpróbálta megkezdeni a halálos harcot, amelynek el kellett jönnie.
Al principio del viaje casi se desató una pelea entre ellos.
Az út elején majdnem verekedés tört ki közöttük.
Pero un accidente inesperado detuvo la pelea.

Ám egy váratlan baleset megakadályozta a verekedést.
Esa tarde acamparon en el gélido lago Le Barge.
Azon az estén tábort vertek a keservesen hideg Le Barge-tavon.
La nieve caía con fuerza y el viento cortaba como un cuchillo.
Keményen esett a hó, a szél pedig késként vágott.
La noche había llegado demasiado rápido y la oscuridad los rodeaba.
Túl gyorsan leszállt az éjszaka, és sötétség vette körül őket.
Difícilmente podrían haber elegido un peor lugar para descansar.
Aligha választhattak volna rosszabb helyet a pihenésre.
Los perros buscaban desesperadamente un lugar donde tumbarse.
A kutyák kétségbeesetten kerestek egy helyet, ahol lefeküdhetnek.
Detrás del pequeño grupo se alzaba una alta pared de roca.
Egy magas sziklafal emelkedett meredeken a kis csoport mögött.
La tienda de campaña había sido abandonada en Dyea para aligerar la carga.
A sátrat Dyeában hagyták, hogy könnyítsenek a terhen.
No les quedó más remedio que hacer el fuego sobre el propio hielo.
Nem volt más választásuk, mint hogy magukon a jégen tüzet gyújtsanak.
Extendieron sus batas para dormir directamente sobre el lago helado.
Hálóruháikat közvetlenül a befagyott tóra terítették.
Unos cuantos palitos de madera flotante les dieron un poco de fuego.
Néhány uszadékfa-rúd adott nekik egy kis tüzet.
Pero el fuego se construyó sobre el hielo y se descongeló a través de él.
De a tűz a jégen rakódott, és azon keresztül olvadt el.
Al final, estaban comiendo su cena en la oscuridad.

Végül sötétben ették meg a vacsorájukat.
Buck se acurrucó junto a la roca, protegido del viento frío.
Buck összegömbölyödött a szikla mellett, védve a hideg széltől.
El lugar era tan cálido y seguro que Buck odiaba mudarse.
A hely olyan meleg és biztonságos volt, hogy Buck nem szívesen mozdult el onnan.
Pero François había calentado el pescado y estaba repartiendo raciones.
De François már megmelegítette a halat, és már osztotta az élelmet.
Buck terminó de comer rápidamente y regresó a su cama.
Buck gyorsan befejezte az evést, és visszafeküdt az ágyába.
Pero Spitz ahora estaba acostado donde Buck había hecho su cama.
De Spitz most ott feküdt, ahol Buck megágyazott.
Un gruñido bajo advirtió a Buck que Spitz se negaba a moverse.
Egy halk vicsorgás figyelmeztette Buckot, hogy Spitz nem hajlandó mozdulni.
Hasta ahora, Buck había evitado esta pelea con Spitz.
Buck eddig elkerülte a Spitz-csel vívott harcot.
Pero en lo más profundo de Buck la bestia finalmente se liberó.
De Buck legbelül végre elszabadult a szörnyeteg.
El robo de su lugar para dormir era algo demasiado difícil de tolerar.
A hálóhelyének ellopása túl sok volt ahhoz, hogy elviselje.
Buck se lanzó hacia Spitz, lleno de ira y rabia.
Buck dühösen és dühösen Spitzre vetette magát.
Hasta ahora Spitz había pensado que Buck era sólo un perro grande.
Spitz eddig csak egy nagy kutyának gondolta Buckot.
No creía que Buck hubiera sobrevivido a través de su espíritu.
Nem gondolta, hogy Buck a szelleme révén élte túl.
Esperaba miedo y cobardía, no furia y venganza.

Félelemre és gyávaságra számított, nem dühre és bosszúra.
François se quedó mirando mientras los dos perros salían del nido en ruinas.
François bámulta, ahogy mindkét kutya előtört a romos fészekből.
Comprendió de inmediato lo que había iniciado la salvaje lucha.
Azonnal megértette, mi indította el a vad küzdelmet.
—¡Ah! —gritó François en apoyo del perro marrón.
„Ááá!" – kiáltotta François, támogatva a barna kutyát.
¡Dale una paliza! ¡Por Dios, castiga a ese ladrón astuto!
„Adj neki egy verést! Istenre, büntesse meg azt a sunyi tolvajt!"
Spitz mostró la misma disposición y un entusiasmo salvaje por luchar.
Spitz egyenlő készenlétet és vad harci vágyat mutatott.
Gritó de rabia mientras giraba rápidamente en busca de una abertura.
Dühösen felkiáltott, miközben gyorsan körözött, rést keresve.
Buck mostró el mismo hambre de luchar y la misma cautela.
Buck ugyanazt a harci vágyat és ugyanazt az óvatosságot mutatta.
También rodeó a su oponente, intentando obtener la ventaja en la batalla.
Ő is megkerülte ellenfelét, próbálva fölénybe kerülni a csatában.
Entonces sucedió algo inesperado y lo cambió todo.
Aztán történt valami váratlan, és mindent megváltoztatott.
Ese momento retrasó la eventual lucha por el liderazgo.
Ez a pillanat késleltette a vezetésért folytatott végső küzdelmet.
Muchos kilómetros de camino y lucha aún nos esperaban antes del final.
Még sok kilométernyi út és küzdelem várt a végére.
Perrault gritó un juramento cuando un garrote impactó contra el hueso.

Perrault egy káromkodást kiáltott, amikor egy bunkó csontnak csapódott.
Se escuchó un agudo grito de dolor y luego el caos explotó por todas partes.
Éles, fájdalmas sikoly következett, majd mindenütt káosz tört ki.
En el campamento se movían figuras oscuras: perros esquimales salvajes, hambrientos y feroces.
Sötét alakok mozogtak a táborban; vad, kiéhezett és vadak kutyák.
Cuatro o cinco docenas de perros esquimales habían olfateado el campamento desde lejos.
Négy-öt tucat husky szaglászott már messziről a tábor körül.
Se habían colado sigilosamente mientras los dos perros peleaban cerca.
Csendben lopakodtak be, miközben a két kutya a közelben verekedett.
François y Perrault atacaron con garrotes a los invasores.
François és Perrault rohamra indultak, botokkal lendítve a támadókat.
Los perros esquimales hambrientos mostraron los dientes y contraatacaron frenéticamente.
Az éhező huskyk kivillantották a fogaikat, és dühösen visszavágtak.
El olor a carne y a pan les había hecho perder todo miedo.
A hús és a kenyér illata minden félelmüktől megfosztotta őket.
Perrault golpeó a un perro que había enterrado su cabeza en el cajón de comida.
Perrault megvert egy kutyát, amely a fejét az eleségdobozba dugta.
El golpe fue muy fuerte y la caja se volcó, derramándose comida.
Az ütés erős volt, a doboz felborult, és étel ömlött ki belőle.
En cuestión de segundos, una veintena de bestias salvajes destrozaron el pan y la carne.
Másodpercek alatt egy tucat vadállat tépte szét a kenyeret és a húst.

Los garrotes de los hombres asestaron golpe tras golpe, pero ningún perro se apartó.
A férfiütők ütésről ütésre érkeztek, de egyetlen kutya sem fordult el.
Aullaron de dolor, pero lucharon hasta que no quedó comida.
Fájdalmukban üvöltöttek, de addig küzdöttek, amíg el nem fogyott az élelmük.
Mientras tanto, los perros de trineo habían saltado de sus camas nevadas.
Eközben a szánhúzó kutyák kiugrottak havas ágyaikból.
Fueron atacados instantáneamente por los feroces y hambrientos huskies.
Azonnal megtámadták őket a veszett, éhes huskyk.
Buck nunca había visto criaturas tan salvajes y hambrientas antes.
Buck még soha nem látott ilyen vad és kiéhezett teremtményeket.
Su piel colgaba suelta, ocultando apenas sus esqueletos.
Bőrük lazán lógott, alig rejtve a csontvázukat.
Había un fuego en sus ojos, de hambre y locura.
Tűz égett a szemükben az éhségtől és az őrülettől
No había manera de detenerlos, de resistirse a su ataque salvaje.
Nem lehetett őket megállítani; nem lehetett ellenállni vad rohamuknak.
Los perros de trineo fueron empujados hacia atrás y presionados contra la pared del acantilado.
A szánhúzó kutyákat hátralökték, a sziklafalhoz nyomták.
Tres perros esquimales atacaron a Buck a la vez, desgarrando su carne.
Három husky támadt rá Buckra egyszerre, és a húsába tépték a húsát.
La sangre le brotaba de la cabeza y de los hombros, donde había recibido el corte.
Vér ömlött a fejéből és a vállából, ahol megvágták.

El ruido llenó el campamento: gruñidos, aullidos y gritos de dolor.
A zaj betöltötte a tábort; morgás, visítás és fájdalmas kiáltások.
Billee gritó fuerte, como siempre, atrapada en la pelea y el pánico.
Billee hangosan sírt, mint általában, a pánik és a csetepaté közepette.
Dave y Solleks estaban uno al lado del otro, sangrando pero desafiantes.
Dave és Solleks egymás mellett álltak, vérezve, de dacosan.
Joe peleó como un demonio, mordiendo todo lo que se acercaba.
Joe démonként harcolt, mindent megharapott, ami a közelébe került.
Aplastó la pata de un husky con un brutal chasquido de sus mandíbulas.
Egyetlen brutális állkapocs-csattanással szétzúzta egy husky lábát.
Pike saltó sobre el husky herido y le rompió el cuello instantáneamente.
Pike ráugrott a sebesült huskyra, és azonnal eltörte a nyakát.
Buck agarró a un husky por el cuello y le arrancó la vena.
Buck elkapott egy huskyt a torkánál, és átszakította az erét.
La sangre salpicó y el sabor cálido llevó a Buck al frenesí.
Vér fröccsent, és a meleg íz őrületbe kergette Buckot.
Se abalanzó sobre otro atacante sin dudarlo.
Gondolkodás nélkül rávetette magát egy másik támadóra.
En ese mismo momento, unos dientes afilados se clavaron en la garganta de Buck.
Ugyanebben a pillanatban éles fogak vájtak Buck torkába.
Spitz había atacado desde un costado, sin previo aviso.
Spitz oldalról csapott le, előzetes figyelmeztetés nélkül támadva.
Perrault y François habían derrotado a los perros robando la comida.
Perrault és François legyőzték az élelmet lopó kutyákat.

Ahora se apresuraron a ayudar a sus perros a luchar contra los atacantes.
Most siettek, hogy segítsenek kutyáiknak visszaverni a támadókat.
Los perros hambrientos se retiraron mientras los hombres blandían sus garrotes.
Az éhező kutyák visszavonultak, miközben a férfiak meglendítették a bunkóikat.
Buck se liberó del ataque, pero el escape fue breve.
Buck kiszabadult a támadás elől, de a menekülés rövid volt.
Los hombres corrieron a salvar a sus perros, y los huskies volvieron a atacarlos.
A férfiak a kutyáik megmentésére rohantak, de a huskyk ismét ellepték őket.
Billee, aterrorizado y valiente, saltó hacia la jauría de perros.
Billee, akit félelemmel rémített a bátorság, beugrott a kutyák falkájába.
Pero luego huyó a través del hielo, presa del terror y el pánico.
De aztán átmenekült a jégen, nyers rettegésben és pánikban.
Pike y Dub los siguieron de cerca, corriendo para salvar sus vidas.
Pike és Dub szorosan a nyomukban követték őket, életüket mentve futva.
El resto del equipo se separó y se dispersó, siguiéndolos.
A csapat többi tagja szétszóródott, és a nyomukban követte őket.
Buck reunió sus fuerzas para correr, pero entonces vio un destello.
Buck összeszedte minden erejét, hogy elfusson, de ekkor egy villanást látott.
Spitz se abalanzó sobre el costado de Buck, intentando derribarlo al suelo.
Spitz Buck oldalára vetette magát, és megpróbálta a földre lökni.
Bajo esa turba de perros esquimales, Buck no habría tenido escapatoria.

Azzal a husky csapattal szemben Bucknak nem volt menekvés.
Pero Buck se mantuvo firme y se preparó para el golpe de Spitz.
De Buck szilárdan állt és felkészült Spitz csapására.
Luego se dio la vuelta y salió corriendo al hielo con el equipo que huía.
Aztán megfordult, és a menekülő csapattal együtt kirohant a jégre.

Más tarde, los nueve perros de trineo se reunieron al abrigo del bosque.
Később a kilenc szánhúzó kutya összegyűlt az erdő menedékében.
Ya nadie los perseguía, pero estaban maltratados y heridos.
Senki sem üldözte őket már, de összetörtek és megsebesültek.
Cada perro tenía heridas: cuatro o cinco cortes profundos en cada cuerpo.
Minden kutyán sebek voltak; négy vagy öt mély vágás mindegyik testén.
Dub tenía una pata trasera herida y ahora le costaba caminar.
Dubnak megsérült az egyik hátsó lába, és most már nehezen tudott járni.
Dolly, la perrita más nueva de Dyea, tenía la garganta cortada.
Dollynak, Dyea legújabb kutyájának elvágták a torkát.
Joe había perdido un ojo y la oreja de Billee estaba cortada en pedazos.
Joe elvesztette az egyik szemét, Billee füle pedig darabokra tört.
Todos los perros lloraron de dolor y derrota durante toda la noche.
Az összes kutya fájdalmasan és legyőzötten sírt egész éjjel.
Al amanecer regresaron al campamento doloridos y destrozados.
Hajnalban visszaosontak a táborba, fájóan és összetörve.

Los perros esquimales habían desaparecido, pero el daño ya estaba hecho.
A huskyk eltűntek, de a kár már megtörtént.
Perrault y François estaban de mal humor ante las ruinas.
Perrault és François rosszkedvűen álltak a romok felett.
La mitad de la comida había desaparecido, robada por los ladrones hambrientos.
Az élelem fele eltűnt, az éhes tolvajok elrabolták.
Los perros esquimales habían destrozado las ataduras y la lona del trineo.
A huskyk elszakították a szánkó kötözését és a vásznat.
Todo lo que tenía olor a comida había sido devorado por completo.
Mindent, aminek ételszaga volt, teljesen felfaltak.
Se comieron un par de botas de viaje de piel de alce de Perrault.
Megették Perrault egy pár jávorszarvasbőr utazócsizmáját.
Masticaban correas de cuero y arruinaban las correas hasta dejarlas inservibles.
Bőr reiseket rágcsáltak, és használhatatlanná tették a szíjakat.
François dejó de mirar el látigo roto para revisar a los perros.
François abbahagyta a tépett korbács bámulását, hogy ellenőrizze a kutyákat.
—**Ah, amigos míos** —**dijo en voz baja y llena de preocupación.**
– Ó, barátaim – mondta halk, aggodalommal teli hangon.
"Tal vez todas estas mordeduras os conviertan en bestias locas."
„Talán ezek a harapások őrült fenevadakká változtatnak benneteket."
—**¡Quizás todos sean perros rabiosos, sacredam! ¿Qué opinas, Perrault?**
„Talán mind veszett kutyák, szent ég! Mit gondolsz, Perrault?"
Perrault meneó la cabeza; sus ojos estaban oscuros por la preocupación y el miedo.

Perrault a fejét rázta, szeme elkomorult az aggodalomtól és a félelemtől.
Todavía había cuatrocientas millas entre ellos y Dawson.
Még négyszáz mérföld választotta el őket Dawsontól.
La locura canina ahora podría destruir cualquier posibilidad de supervivencia.
A kutyaőrület most már minden esélyt tönkretehet a túlélésre.
Pasaron dos horas maldiciendo y tratando de arreglar el engranaje.
Két órát töltöttek káromkodással és a felszerelés megjavításával.
El equipo herido finalmente abandonó el campamento, destrozado y derrotado.
A sebesült csapat végül megtörve és legyőzve elhagyta a tábort.
Éste fue el camino más difícil hasta ahora y cada paso era doloroso.
Ez volt a legnehezebb út, és minden lépés fájdalmas volt.
El río Treinta Millas no se había congelado y su caudal corría con fuerza.
A Harminc Mérföld folyó nem fagyott be, és vadul sebesen hömpölygött.
Sólo en los lugares tranquilos y en los remolinos el hielo logró retenerse.
Csak a nyugodt helyeken és az örvénylő területeken sikerült a jégnek megállnia.
Pasaron seis días de duro trabajo hasta recorrer las treinta millas.
Hat nap kemény munka telt el, mire megtették a harminc mérföldet.
Cada kilómetro del camino traía consigo peligro y amenaza de muerte.
Az ösvény minden egyes mérföldje veszélyt és a halál fenyegetését hordozta magában.
Los hombres y los perros arriesgaban sus vidas con cada doloroso paso.

A férfiak és a kutyák minden fájdalmas lépéssel kockáztatták az életüket.
Perrault rompió delgados puentes de hielo una docena de veces diferentes.
Perrault tucatszor tört át vékony jéghidakon.
Llevó un palo y lo dejó caer sobre el agujero que había hecho su cuerpo.
Magához vett egy rudat, és leejtette azzal a lyukat, amit a teste ejtett.
Más de una vez ese palo salvó a Perrault de ahogarse.
Az a rúd többször is megmentette Perrault-t a fulladástól.
La ola de frío se mantuvo firme y el aire estaba a cincuenta grados bajo cero.
A hideg kitartott, a levegő ötven fok mínuszban volt.
Cada vez que se caía, Perrault tenía que encender un fuego para sobrevivir.
Valahányszor beleesett, Perrault-nak tüzet kellett gyújtania a túléléshez.
La ropa mojada se congelaba rápidamente, por lo que la secaba cerca del calor abrasador.
A vizes ruhák gyorsan megfagytak, ezért perzselő hőségben szárította őket.
Ningún miedo afectó jamás a Perrault, y eso lo convirtió en mensajero.
Perrault-t soha nem fogta el a félelem, és ez tette őt futárrá.
Fue elegido para el peligro y lo afrontó con tranquila resolución.
A veszélyre választották, és csendes elszántsággal fogadta.
Avanzó contra el viento, con el rostro arrugado y congelado.
Szélbe szorította magát, összeaszott arca jégcsípte.
Desde el amanecer hasta el anochecer, Perrault los condujo hacia adelante.
Halvány pirkadattól estig Perrault vezette őket előre.
Caminó sobre un estrecho borde de hielo que se agrietaba con cada paso.
Keskeny, peremén, jégen járt, ami minden lépésnél megrepedt.

No se atrevieron a detenerse: cada pausa suponía el riesgo de un colapso mortal.
Nem mertek megállni – minden szünet halálos összeomlást kockáztatott.
Una vez, el trineo se abrió paso y arrastró a Dave y Buck.
Egyszer a szán áttört, és magával rántotta Dave-et és Buckot.
Cuando los liberaron, ambos estaban casi congelados.
Mire kiszabadították őket, mindketten majdnem megfagytak.
Los hombres hicieron un fuego rápidamente para mantener con vida a Buck y Dave.
A férfiak gyorsan tüzet raktak, hogy életben tartsák Buckot és Dave-et.
Los perros estaban cubiertos de hielo desde la nariz hasta la cola, rígidos como madera tallada.
A kutyákat orruktól farkukig jég borította, olyan merevek voltak, mint a faragott fa.
Los hombres los hicieron correr en círculos cerca del fuego para descongelar sus cuerpos.
A férfiak körbe-körbe futtatták őket a tűz közelében, hogy felolvasszák a testüket.
Se acercaron tanto a las llamas que su pelaje se quemó.
Olyan közel kerültek a lángokhoz, hogy a bundájuk megpörkölődött.
Luego Spitz rompió el hielo y arrastró al equipo detrás de él.
Spitz törte át legközelebb a jeget, maga után vonszolva a csapatot.
La ruptura llegó hasta donde Buck estaba tirando.
A törés egészen odáig ért, ahol Buck húzta.
Buck se reclinó con fuerza hacia atrás, sus patas resbalaron y temblaron en el borde.
Buck erősen hátradőlt, mancsai megcsúsztak és remegtek a szélén.
Dave también se esforzó hacia atrás, justo detrás de Buck en la línea.
Dave is hátrafeszítette a labdát, közvetlenül Buck mögött a vonalon.
François tiró del trineo; sus músculos crujían por el esfuerzo.

François húzta a szánt, izmai ropogtak az erőfeszítéstől.
En otra ocasión, el borde del hielo se agrietó delante y detrás del trineo.
Egy másik alkalommal a peremjég megrepedt a szánkó előtt és mögött.
No tenían otra salida que escalar una pared del acantilado congelado.
Nem volt más kiútjuk, mint megmászni egy befagyott sziklafalat.
De alguna manera Perrault logró escalar el muro; un milagro lo mantuvo con vida.
Perrault valahogyan átmászott a falon; egy csoda tartotta életben.
François se quedó abajo, rezando por tener la misma suerte.
François lent maradt, és hasonló szerencséért imádkozott.
Ataron todas las correas, amarres y tirantes hasta formar una cuerda larga.
Minden szíjat, rögzítőelemet és vezetőszárat egyetlen hosszú kötéllé kötöttek.
Los hombres subieron cada perro, uno a uno, hasta la cima.
A férfiak egyesével húzták fel a kutyákat a tetejére.
François subió el último, después del trineo y toda la carga.
François mászott fel utoljára, a szánkó és az egész rakomány után.
Entonces comenzó una larga búsqueda de un camino para bajar de los acantilados.
Aztán hosszas keresés kezdődött egy ösvény után, ami levezet a sziklákról.
Finalmente descendieron usando la misma cuerda que habían hecho.
Végül ugyanazzal a kötéllel ereszkedtek le, amit maguk készítettek.
La noche cayó cuando regresaron al lecho del río, exhaustos y doloridos.
Leszállt az éj, mire kimerülten és fájdalmasan visszatértek a folyómederbe.

El día completo les había proporcionado sólo un cuarto de milla de ganancia.
Az egész nap mindössze negyed mérföldnyi előnyt hozott nekik.
Cuando llegaron a Hootalinqua, Buck estaba agotado.
Mire elérték a Hootalinquát, Buck teljesen kimerült volt.
Los demás perros sufrieron igual de mal las condiciones del sendero.
A többi kutya ugyanúgy szenvedett az ösvényviszonyoktól.
Pero Perrault necesitaba recuperar tiempo y los presionaba cada día.
De Perraultnak időt kellett nyernie, ezért minden nap hajtotta őket.
El primer día viajaron treinta millas hasta Big Salmon.
Az első napon harminc mérföldet utaztak Big Salmonba.
Al día siguiente viajaron treinta y cinco millas hasta Little Salmon.
Másnap harmincöt mérföldet utaztak Little Salmonba.
Al tercer día avanzaron a través de cuarenta largas y heladas millas.
A harmadik napon negyven hosszú, fagyott mérföldet nyomtak át.
Para entonces, se estaban acercando al asentamiento de Five Fingers.
Addigra már közeledtek Öt Ujj településhez.

Los pies de Buck eran más suaves que los duros pies de los huskies nativos.
Buck lábai puhábbak voltak, mint a bennszülött huskyk kemény lábai.
Sus patas se habían vuelto tiernas a lo largo de muchas generaciones civilizadas.
Mancsai sok civilizált generáció alatt érzékennyé váltak.
Hace mucho tiempo, sus antepasados habían sido domesticados por hombres del río o cazadores.
Réges-régen folyami emberek vagy vadászok szelídítették meg őseit.

Todos los días Buck cojeaba de dolor, caminando sobre sus patas doloridas y en carne viva.
Buck minden nap fájdalmasan sántított, sebes, sajgó mancsain járt.
En el campamento, Buck cayó como un cuerpo sin vida sobre la nieve.
A táborban Buck élettelen alakként zuhant a hóba.
Aunque estaba hambriento, Buck no se levantó a comer su cena.
Bár Buck éhes volt, mégsem kelt fel, hogy megegye a vacsoráját.
François le trajo a Buck su ración, poniendo pescado junto a su hocico.
François odahozta Bucknak az adagját, miközben a halakat az orránál fogva tolta.
Cada noche, el conductor frotaba los pies de Buck durante media hora.
A sofőr minden este fél órán át dörzsölgette Buck lábát.
François incluso cortó sus propios mocasines para hacer calzado para perros.
François még a saját mokaszinjait is felszabdalta, hogy kutyalábbelit készítsen belőle.
Cuatro zapatos cálidos le dieron a Buck un gran y bienvenido alivio.
Négy meleg cipő nagy és üdvözlendő megkönnyebbülést hozott Bucknak.
Una mañana, François olvidó los zapatos y Buck se negó a levantarse.
Egyik reggel François elfelejtette a cipőket, és Buck nem volt hajlandó felkelni.
Buck yacía de espaldas, con los pies en el aire, agitándolos lastimeramente.
Buck a hátán feküdt, lábait a levegőbe emelve, és szánalmasan hadonászott velük.
Incluso Perrault sonrió al ver la dramática súplica de Buck.
Még Perrault is elvigyorodott Buck drámai könyörgése láttán.

Pronto los pies de Buck se endurecieron y los zapatos pudieron desecharse.
Buck lábai hamarosan megkeményedtek, és a cipőket el lehetett dobni.
En Pelly, durante el periodo de uso del arnés, Dolly emitió un aullido terrible.
Pellynél, hámozás közben Dolly rettenetes vonyítást hallatott.
El grito fue largo y lleno de locura, sacudiendo a todos los perros.
A kiáltás hosszú volt és őrülettel teli, minden kutyát megremegtetett.
Cada perro se erizaba de miedo sin saber el motivo.
Minden kutya félelmében felborzolta a dühét, anélkül, hogy tudta volna az okát.
Dolly se volvió loca y se arrojó directamente hacia Buck.
Dolly megőrült, és egyenesen Buckra vetette magát.
Buck nunca había visto la locura, pero el horror llenó su corazón.
Buck még soha nem látott őrültséget, de a szívét betöltötte a rémület.
Sin pensarlo, se dio la vuelta y huyó presa del pánico absoluto.
Gondolkodás nélkül megfordult és teljes pánikban elmenekült.
Dolly lo persiguió con los ojos desorbitados y la saliva saliendo de sus mandíbulas.
Dolly üldözőbe vette, tekintete vad volt, szájából folyt a nyál.
Ella se mantuvo justo detrás de Buck, sin ganar terreno ni quedarse atrás.
Közvetlenül Buck mögött maradt, soha nem előzte meg, és soha nem hátrált meg.
Buck corrió a través del bosque, bajó por la isla y cruzó el hielo irregular.
Buck erdőn át futott, le a szigeten, át a csipkézett jégen.
Cruzó hacia una isla, luego hacia otra, dando la vuelta nuevamente hasta el río.

Átkelt egy szigetre, majd egy másikra, és visszakerült a folyóhoz.

Aún así Dolly lo persiguió, con su gruñido detrás de cada paso.

Dolly továbbra is üldözte, minden lépésnél morgással a nyomában.

Buck podía oír su respiración y su rabia, aunque no se atrevía a mirar atrás.

Buck hallotta a lélegzetét és a dühét, bár nem mert hátranézni.

François gritó desde lejos y Buck se giró hacia la voz.

François messziről kiáltotta, mire Buck a hang felé fordult.

Todavía jadeando en busca de aire, Buck pasó corriendo, poniendo toda su esperanza en François.

Buck, még mindig levegőért kapkodva, elfutott mellettük, minden reményét François-ba vetve.

El conductor del perro levantó un hacha y esperó mientras Buck pasaba volando.

A kutyahajcsár felemelte a fejszéjét, és megvárta, amíg Buck elrepült mellette.

El hacha cayó rápidamente y golpeó la cabeza de Dolly con una fuerza mortal.

A fejsze gyorsan lecsapott, és halálos erővel csapódott Dolly fejébe.

Buck se desplomó cerca del trineo, jadeando e incapaz de moverse.

Buck a szán közelében rogyott össze, zihálva és mozdulni sem tudott.

Ese momento le dio a Spitz la oportunidad de golpear a un enemigo exhausto.

Ez a pillanat lehetőséget adott Spitznek, hogy lecsapjon a kimerült ellenfélre.

Mordió a Buck dos veces, desgarrando la carne hasta el hueso blanco.

Kétszer megharapta Buckot, a húsát egészen a fehér csontig feltépve.

El látigo de François hizo chasquear el látigo y golpeó a Spitz con toda su fuerza y furia.

François ostora csattant, teljes, dühös erővel csapva le Spitzre.
Buck observó con alegría cómo Spitz recibía la paliza más dura que había recibido hasta entonces.
Buck örömmel nézte, ahogy Spitz élete eddigi legkeményebb verését kapja.
"Es un demonio ese Spitz", murmuró Perrault para sí mismo.
„Egy ördög ez a Spitz" – motyogta Perrault komoran magában.
"Algún día, ese maldito perro matará a Buck, lo juro".
„Hamarosan az az átkozott kutya megöli Buckot – esküszöm."
—Ese Buck tiene dos demonios dentro —respondió François asintiendo.
– Két ördög lakozik abban a Buckban – felelte François bólogatva.
"Cuando veo a Buck, sé que algo feroz le aguarda dentro".
„Amikor Buckot nézem, tudom, hogy valami vadság vár rá."
"Un día se pondrá furioso y destrozará a Spitz".
„Egy nap úgy megőrül, mint a tűz, és darabokra tépi Spitzet."
"Masticará a ese perro y lo escupirá en la nieve congelada".
„Összerágja azt a kutyát, és a fagyott hóra köpi."
"Estoy seguro de que lo sé en lo más profundo de mi ser".
„Biztosan tudom ezt a csontjaim mélyén."
A partir de ese momento los dos perros quedaron en guerra.
Attól a pillanattól kezdve a két kutya háborúban állt.
Spitz lideró al equipo y mantuvo el poder, pero Buck lo desafió.
Spitz vezette a csapatot és birtokolta a hatalmat, de Buck ezt megkérdőjelezte.
Spitz vio su rango amenazado por este extraño extraño de Southland.
Spitz rangját fenyegetve látta ezt a különös délvidéki idegent.
Buck no se parecía a ningún otro perro sureño que Spitz hubiera conocido antes.
Buck minden déli kutyától különbözött, amit Spitz korábban ismert.
La mayoría de ellos fracasaron: eran demasiado débiles para sobrevivir al frío y al hambre.

Legtöbbjük kudarcot vallott – túl gyengék voltak ahhoz, hogy túléljék a hideget és az éhséget.
Murieron rápidamente bajo el trabajo, las heladas y el lento ardor del hambre.
Gyorsan haltak a munka, a fagy és az éhínség lassú pusztítása alatt.
Buck se destacó: cada día más fuerte, más inteligente y más salvaje.
Buck kitűnt a tömegből – napról napra erősebb, okosabb és vadabb lett.
Prosperó a pesar de las dificultades y creció hasta alcanzar el nivel de los perros esquimales del norte.
A nehézségeken is boldogult, és egyre jobban felnőve versenyre kelhetett az északi huskykkal.
Buck tenía fuerza, habilidad salvaje y un instinto paciente y mortal.
Bucknak ereje, vad ügyessége és türelmes, halálos ösztöne volt.
El hombre con el garrote había golpeado la temeridad de Buck.
A bunkós férfi kiverte Buckból a meggondolatlanságot.
La furia ciega desapareció y fue reemplazada por una astucia silenciosa y control.
A vak düh eltűnt, helyét csendes ravaszság és önuralom vette át.
Esperó, tranquilo y primario, observando el momento adecuado.
Várt, nyugodtan és őszintén, a megfelelő pillanatot keresve.
Su lucha por el mando se hizo inevitable y clara.
A parancsnokságért folytatott harcuk elkerülhetetlenné és egyértelművé vált.
Buck deseaba el liderazgo porque su espíritu lo exigía.
Buck vezetésre vágyott, mert a lelke ezt követelte.
Lo impulsaba el extraño orgullo nacido del camino y del arnés.
Az ösvény és a hám szülte különös büszkeség hajtotta.

Ese orgullo hizo que los perros tiraran hasta caer sobre la nieve.
Ez a büszkeség arra késztette a kutyákat, hogy addig húzzák őket, amíg össze nem rogytak a hóban.
El orgullo los llevó a dar toda la fuerza que tenían.
A büszkeség arra csábította őket, hogy minden erejüket beleadják.
El orgullo puede atraer a un perro de trineo incluso hasta el punto de la muerte.
A büszkeség akár a haláláig is elcsábíthat egy szánhúzó kutyát.
La pérdida del arnés dejó a los perros rotos y sin propósito.
A hám elvesztése miatt a kutyák összetörtek és céltalanok voltak.
El corazón de un perro de trineo puede quedar aplastado por la vergüenza cuando se retira.
Egy szánhúzó kutya szívét összetörheti a szégyen, amikor nyugdíjba vonul.
Dave vivió con ese orgullo mientras arrastraba el trineo desde atrás.
Dave ezt a büszkeséget vallotta, miközben maga mögött húzta a szánt.
Solleks también lo dio todo con fuerza y lealtad.
Solleks is mindent beleadott komor erővel és hűséggel.
Cada mañana, el orgullo los transformaba de amargados a decididos.
A büszkeség minden reggel keserűségből eltökéltséggé változtatta őket.
Empujaron todo el día y luego se quedaron en silencio al final del campamento.
Egész nap nyomultak, aztán a tábor végében elcsendesedtek.
Ese orgullo le dio a Spitz la fuerza para poner a raya a los evasores.
Ez a büszkeség erőt adott Spitznek ahhoz, hogy rendbe tegye a lustálkodókat.
Spitz temía a Buck porque Buck tenía ese mismo orgullo profundo.

Spitz félt Bucktól, mert Buckban is ott volt ez a mély büszkeség.
El orgullo de Buck ahora se agitó contra Spitz, y no se detuvo.
Buck büszkesége most Spitz ellen fordult, és nem állt meg.
Buck desafió el poder de Spitz y le impidió castigar a los perros.
Buck dacolt Spitz hatalmával, és megakadályozta, hogy kutyákat büntessen.
Cuando otros fallaron, Buck se interpuso entre ellos y su líder.
Amikor mások kudarcot vallottak, Buck közéjük és vezetőjük közé lépett.
Lo hizo con intención, dejando claro y abierto su desafío.
Szándékosan tette ezt, nyíltan és világosan fogalmazva meg a kihívást.
Una noche, una fuerte nevada cubrió el mundo con un profundo silencio.
Egyik éjjel sűrű hó borította be a világot mély csenddel.
A la mañana siguiente, Pike, perezoso como siempre, no se levantó para ir a trabajar.
Másnap reggel Pike, aki továbbra is lustán viselkedett, nem kelt fel dolgozni.
Se quedó escondido en su nido bajo una gruesa capa de nieve.
A fészkében rejtőzött egy vastag hóréteg alatt.
François gritó y buscó, pero no pudo encontrar al perro.
François kiáltott és kereste a kutyát, de nem találta.
Spitz se puso furioso y atravesó furioso el campamento cubierto de nieve.
Spitz dühbe gurult, és áttört a hófödte táboron.
Gruñó y olfateó, cavando frenéticamente con ojos llameantes.
Morgott és szimatolt, lángoló szemekkel, őrülten ásott.
Su rabia era tan feroz que Pike tembló de miedo bajo la nieve.

Olyan vad volt a dühe, hogy Pike félelmében reszketett a hó alatt.
Cuando finalmente encontraron a Pike, Spitz se abalanzó sobre él para castigar al perro que estaba escondido.
Amikor Pike-ot végre megtalálták, Spitz előrerontott, hogy megbüntesse a bujkáló kutyát.
Pero Buck saltó entre ellos con una furia igual a la de Spitz.
De Buck Spitzéhez hasonló dühvel ugrott közéjük.
El ataque fue tan repentino e inteligente que Spitz cayó al suelo.
A támadás olyan hirtelen és okos volt, hogy Spitz a lábáról leesett.
Pike, que estaba temblando, se animó ante este desafío.
Pike, aki eddig reszketett, bátorságot merített ebből a dacból.
Saltó sobre el Spitz caído, siguiendo el audaz ejemplo de Buck.
Ráugrott a földön fekvő Spitzre, Buck merész példáját követve.
Buck, que ya no estaba obligado por la justicia, se unió a la huelga de Spitz.
Buck, akit már nem kötött a tisztesség, csatlakozott a Spitz elleni sztrájkhoz.
François, divertido pero firme en su disciplina, blandió su pesado látigo.
François, szórakozottan, mégis fegyelmezetten, lesújtott nehéz korbácsával.
Golpeó a Buck con todas sus fuerzas para acabar con la pelea.
Teljes erejével Buckra ütött, hogy véget vessen a küzdelemnek.
Buck se negó a moverse y se quedó encima del líder caído.
Buck nem volt hajlandó megmozdulni, és a ledőlt vezető tetején maradt.
François entonces utilizó el mango del látigo y golpeó con fuerza a Buck.
François ezután az ostor nyelével keményen megütötte Buckot.

Tambaleándose por el golpe, Buck cayó hacia atrás bajo el asalto.
Buck megtántorodott az ütéstől, és hátraesett a roham alatt.
François golpeó una y otra vez mientras Spitz castigaba a Pike.
François újra és újra ütött, miközben Spitz megbüntette Pike-ot.

Pasaron los días y Dawson City estaba cada vez más cerca.
Teltek a napok, és Dawson City egyre közelebb ért.
Buck seguía interfiriendo, interponiéndose entre Spitz y otros perros.
Buck folyton közbeszólt, Spitz és más kutyák közé osonva.
Elegía bien sus momentos, esperando siempre que François se marchase.
Jól választotta meg a pillanatait, mindig megvárta, míg François elmegy.
La rebelión silenciosa de Buck se extendió y el desorden se arraigó en el equipo.
Buck csendes lázadása elterjedt, és a csapatban rendetlenség vert gyökeret.
Dave y Solleks se mantuvieron leales, pero otros se volvieron rebeldes.
Dave és Solleks hűségesek maradtak, de mások engedetlenné váltak.
El equipo empeoró: se volvió inquieto, pendenciero y fuera de lugar.
A csapat egyre rosszabb lett – nyugtalanok, veszekedősek és kilógtak a sorból.
Ya nada funcionaba con fluidez y las peleas se volvieron algo habitual.
Semmi sem működött többé simán, és a verekedések mindennapossá váltak.
Buck permaneció en el corazón del problema, provocando siempre malestar.
Buck a bajok középpontjában maradt, mindig nyugtalanságot szítva.

François se mantuvo alerta, temeroso de la pelea entre Buck y Spitz.
François éber maradt, félt Buck és Spitz verekedésétől.
Cada noche, las peleas lo despertaban, temiendo que finalmente llegara el comienzo.
Minden éjjel dulakodás ébresztette fel, attól tartva, hogy végre elérkezik a kezdet.
Saltó de su túnica, dispuesto a detener la pelea.
Leugrott a köntöséből, készen arra, hogy megszakítsa a harcot.
Pero el momento nunca llegó y finalmente llegaron a Dawson.
De a pillanat sosem jött el, és végre megérkeztek Dawsonba.
El equipo entró en la ciudad una tarde sombría, tensa y silenciosa.
A csapat egy komor délutánon érkezett a városba, feszülten és csendesen.
La gran batalla por el liderazgo todavía estaba suspendida en el aire.
A vezetésért folytatott nagy csata még mindig a fagyos levegőben lógott.
Dawson estaba lleno de hombres y perros de trineo, todos ocupados con el trabajo.
Dawson tele volt férfiakkal és szánhúzó kutyákkal, akik mind munkával voltak elfoglalva.
Buck observó a los perros tirar cargas desde la mañana hasta la noche.
Buck reggeltől estig nézte, ahogy a kutyák húzzák a terheket.
Transportaban troncos y leña y transportaban suministros a las minas.
Rönköt és tűzifát szállítottak, ellátmányt szállítottak a bányákba.
Donde antes trabajaban los caballos en las tierras del sur, ahora trabajaban los perros.
Ahol egykor lovak dolgoztak Délvidéken, ma kutyák fáradoznak.
Buck vio algunos perros del sur, pero la mayoría eran huskies parecidos a lobos.

Buck látott néhány délről származó kutyát, de a legtöbbjük farkasszerű husky volt.

Por la noche, como un reloj, los perros alzaban sus voces cantando.
Éjszaka, mint óramű, a kutyák felemelték a hangjukat dalra fakadva.

A las nueve, a las doce y de nuevo a las tres, empezó el canto.
Kilenckor, éjfélkor, majd ismét háromkor elkezdődött az éneklés.

A Buck le encantaba unirse a su canto misterioso, de sonido salvaje y antiguo.
Buck imádott csatlakozni a hátborzongató, vad és ősi hangzású kántáláshoz.

La aurora llameó, las estrellas bailaron y la nieve cubrió la tierra.
Az aurora lángolt, a csillagok táncoltak, és hó borította a földet.

El canto de los perros se elevó como un grito contra el silencio y el frío intenso.
A kutyák dala kiáltásként harsant fel a csend és a keserves hideg ellen.

Pero su aullido contenía tristeza, no desafío, en cada larga nota.
De üvöltésük minden hosszú hangjában szomorúság, nem pedig dac volt.

Cada grito lamentable estaba lleno de súplica: el peso de la vida misma.
Minden jajgató kiáltás könyörgésből állt; magából az élet terhéből.

Esa canción era vieja, más vieja que las ciudades y más vieja que los incendios.
Az a dal régi volt – régebbi, mint a városok, és régebbi, mint a tüzek

Aquella canción era más antigua incluso que las voces de los hombres.
Az a dal még az emberi hangoknál is ősibb volt.

Era una canción del mundo joven, cuando todas las canciones eran tristes.
Egy dal volt a fiatal világból, amikor minden dal szomorú volt.
La canción transportaba el dolor de incontables generaciones de perros.
A dal számtalan kutyageneráció bánatát hordozta magában.
Buck sintió la melodía profundamente, gimiendo por un dolor arraigado en los siglos.
Buck mélyen érezte a dallamot, a korokba gyökerező fájdalomtól nyögött.
Sollozaba por un dolor tan antiguo como la sangre salvaje en sus venas.
Olyan bánattól zokogott, amely olyan régi volt, mint az ereiben csörgedező vér.
El frío, la oscuridad y el misterio tocaron el alma de Buck.
A hideg, a sötétség és a rejtély megérintette Buck lelkét.
Esa canción demostró hasta qué punto Buck había regresado a sus orígenes.
Ez a dal bizonyította, mennyire visszatért Buck a gyökereihez.
Entre la nieve y los aullidos había encontrado el comienzo de su propia vida.
Hóesésben és üvöltésben találta meg saját élete kezdetét.

Siete días después de llegar a Dawson, partieron nuevamente.
Hét nappal Dawsonba érkezésük után ismét útra keltek.
El equipo descendió del cuartel hasta el sendero Yukon.
A csapat a laktanyából leugrott a Yukon ösvényre.
Comenzaron el viaje de regreso hacia Dyea y Salt Water.
Megkezdték útjukat vissza Dyea és Sósvíz felé.
Perrault llevaba despachos aún más urgentes que antes.
Perrault még sürgősebb szállítmányokat szállított, mint korábban.
También se sintió dominado por el orgullo por el sendero y se propuso establecer un récord.

Emellett elfogta a túraösvényekre való odafigyelés, és rekordot akart felállítani.
Esta vez, varias ventajas estaban del lado de Perrault.
Ezúttal számos előny Perrault oldalán állt.
Los perros habían descansado durante una semana entera y recuperaron su fuerza.
A kutyák egy teljes hetet pihentek és visszanyerték erejüket.
El camino que ellos habían abierto ahora estaba compactado por otros.
Az általuk kitaposott ösvényt most mások tömörítették keményre.
En algunos lugares, la policía había almacenado comida tanto para perros como para hombres.
Helyenként a rendőrök kutyáknak és férfiaknak egyaránt tároltak élelmet.
Perrault viajaba ligero, moviéndose rápido y con poco que lo pesara.
Perrault könnyen utazott, gyorsan mozgott, kevés teher nehezedett rá.
Llegaron a Sixty-Mile, un recorrido de cincuenta millas, en la primera noche.
Az első éjszakára elérték a Hatvan Mérföldet, egy ötven mérföldes futást.
El segundo día, se apresuraron a subir por el Yukón hacia Pelly.
A második napon rohantak felfelé a Yukonon Pelly felé.
Pero estos grandes avances implicaron un gran esfuerzo para François.
De ez a szép előrehaladás nagy megterheléssel járt François számára.
La rebelión silenciosa de Buck había destrozado la disciplina del equipo.
Buck csendes lázadása megrengette a csapat fegyelmét.
Ya no tiraban juntos como una sola bestia bajo las riendas.
Már nem húzódtak össze, mint egy fenevad a gyeplőben.
Buck había llevado a otros al desafío mediante su valiente ejemplo.

Buck merész példájával másokat is dacolásra késztetett.
La orden de Spitz ya no fue recibida con miedo ni respeto.
Spitz parancsát már nem fogadták félelemmel vagy tisztelettel.
Los demás perdieron el respeto que le tenían y se atrevieron a resistirse a su gobierno.
A többiek elvesztették iránta való félelmüket, és szembe mertek szállni az uralmával.
Una noche, Pike robó medio pescado y se lo comió bajo la mirada de Buck.
Egyik este Pike ellopott egy fél halat, és Buck szeme láttára megette.
Otra noche, Dub y Joe pelearon contra Spitz y quedaron impunes.
Egy másik este Dub és Joe megküzdöttek Spitz-cel, és büntetlenül maradtak.
Incluso Billee se quejó con menos dulzura y mostró una nueva agudeza.
Még Billee is kevésbé édesen nyafogott, és új élességet mutatott.
Buck le gruñó a Spitz cada vez que se cruzaban.
Buck minden alkalommal Spitzre vicsorgott, valahányszor keresztezték egymás útját.
La actitud de Buck se volvió audaz y amenazante, casi como la de un matón.
Buck viselkedése merész és fenyegető lett, szinte zsarnoki.
Caminó delante de Spitz con arrogancia, lleno de amenaza burlona.
Hencegve, gúnyos fenyegetéssel járkált Spitz előtt.
Ese colapso del orden se extendió también entre los perros de trineo.
A rend felbomlása a szánhúzó kutyák között is elterjedt.
Pelearon y discutieron más que nunca, llenando el campamento de ruido.
Többet veszekedtek és vitatkoztak, mint valaha, zajongással töltve meg a tábort.
La vida en el campamento se convertía cada noche en un caos salvaje y aullante.

A tábori élet minden este vad, üvöltő káoszba fordult.
Sólo Dave y Solleks permanecieron firmes y concentrados.
Csak Dave és Solleks maradtak nyugodtak és koncentráltak.
Pero incluso ellos se enojaron por las peleas constantes.
De még ők is dühösek lettek az állandó verekedésektől.
François maldijo en lenguas extrañas y pisoteó con frustración.
François furcsa nyelveken káromkodott és dühösen toporgott.
Se tiró del pelo y gritó mientras la nieve volaba bajo sus pies.
A haját tépte és kiabált, miközben a hó repült a lába alatt.
Su látigo azotó a la manada, pero apenas logró mantenerlos bajo control.
Ostorával átcsapott a csapat, de alig tartotta őket egy vonalban.
Cada vez que él le daba la espalda, la lucha estallaba de nuevo.
Valahányszor hátat fordított, újra kitört a harc.
François utilizó el látigo para azotar a Spitz, mientras Buck lideraba a los rebeldes.
François korbácsütést mért Spitzre, míg Buck vezette a lázadókat.
Cada uno conocía el papel del otro, pero Buck evitó cualquier culpa.
Mindketten tudták a másik szerepét, de Buck kerülte a hibáztatást.
François nunca sorprendió a Buck iniciando una pelea o eludiendo su trabajo.
François soha nem kapta rajta Buckot verekedés kezdeményezésén vagy a munkájának elhanyagolásán.
Buck trabajó duro con el arnés; el trabajo ahora emocionaba su espíritu.
Buck keményen dolgozott hámban – a fáradság most már a lelkét is felpezsdítette.
Pero encontró aún más alegría al provocar peleas y caos en el campamento.

De még nagyobb örömet talált a táborban zajló verekedések és káosz szításában.

Una noche, en la desembocadura del Tahkeena, Dub asustó a un conejo.
Egyik este a Tahkeena torkolatánál Dub megijesztett egy nyulat.
Falló el tiro y el conejo con raquetas de nieve saltó lejos.
Elvétette a fogást, és a hótalpas nyúl elszaladt.
En cuestión de segundos, todo el equipo de trineo los persiguió con gritos salvajes.
Másodperceken belül az egész szánkócsapat vad kiáltásokkal üldözőbe vette őket.
Cerca de allí, un campamento de la Policía del Noroeste albergaba cincuenta perros husky.
A közelben egy északnyugati rendőrségi tábor ötven husky kutyát tartott fenn.
Se unieron a la caza y navegaron juntos por el río helado.
Csatlakoztak a vadászathoz, együtt hömpölyögtek lefelé a befagyott folyón.
El conejo se desvió del río y huyó hacia el lecho congelado del arroyo.
A nyúl letért a folyóról, és egy befagyott patakmederben menekült felfelé.
El conejo saltaba suavemente sobre la nieve mientras los perros se abrían paso con dificultad.
A nyúl könnyedén szökdécselt a havon, miközben a kutyák küzdöttek vele.
Buck lideró la enorme manada de sesenta perros en cada curva.
Buck a hatvan kutyából álló hatalmas csapatot minden kanyarban körbevezette.
Avanzó lentamente y con entusiasmo, pero no pudo ganar terreno.
Alacsonyan és lelkesen nyomult előre, de nem tudott előrébb jutni.

Su cuerpo brillaba bajo la pálida luna con cada poderoso salto.
Teste minden erőteljes ugrásnál megcsillant a sápadt holdfényben.
Más adelante, el conejo se movía como un fantasma, silencioso y demasiado rápido para atraparlo.
Előttük a nyúl szellemként mozgott, hangtalanul és túl gyorsan ahhoz, hogy elkapják.
Todos esos viejos instintos —el hambre, la emoción— se apoderaron de Buck.
Azok a régi ösztönök – az éhség, az izgalom – végigsöpörtek Buckon.
Los humanos a veces sienten este instinto y se ven impulsados a cazar con armas de fuego y balas.
Az emberek időnként érzik ezt az ösztönt, és fegyverrel, golyóval vadásznak.
Pero Buck sintió este sentimiento a un nivel más profundo y personal.
De Buck ezt az érzést mélyebb és személyesebb szinten érezte.
No podían sentir lo salvaje en su sangre como Buck podía sentirlo.
Nem érezték a vadságot a vérükben úgy, ahogy Buck érezte.
Persiguió carne viva, dispuesto a matar con los dientes y saborear la sangre.
Élő húst kergetett, készen arra, hogy fogaival öljön és vért kóstoljon.
Su cuerpo se tensó de alegría, queriendo bañarse en la cálida vida roja.
Teste örömtől feszült, meleg, vörös életben akart fürödni.
Una extraña alegría marca el punto más alto que la vida puede alcanzar.
Egy különös öröm jelzi az élet legmagasabb pontját.
La sensación de una cima donde los vivos olvidan que están vivos.
Egy olyan csúcs érzése, ahol az élők elfelejtik, hogy egyáltalán élnek.

Esta alegría profunda conmueve al artista perdido en una inspiración ardiente.
Ez a mély öröm megérinti a lángoló ihletben elveszett művészt.
Esta alegría se apodera del soldado que lucha salvajemente y no perdona a ningún enemigo.
Ez az öröm elfogja a katonát, aki vadul harcol és nem kíméli az ellenséget.
Esta alegría ahora se apoderó de Buck mientras lideraba la manada con hambre primaria.
Ez az öröm most Buckot ragadta magával, miközben ősi éhséggel vezette a falkát.
Aulló con el antiguo grito del lobo, emocionado por la persecución en vida.
Az ősi farkaskiáltással vonyított, izgatottan az élő üldözéstől.
Buck recurrió a la parte más antigua de sí mismo, perdida en la naturaleza.
Buck önmaga legősibb részét fedezte fel, elveszve a vadonban.
Llegó a lo más profundo, más allá de la memoria, al tiempo crudo y antiguo.
Mélyen belülre nyúlt, az emlékeken túlra, a nyers, ősi időbe.
Una ola de vida pura recorrió cada músculo y tendón.
A tiszta élet hulláma áradt szét minden izmában és ínjában.
Cada salto gritaba que vivía, que avanzaba a través de la muerte.
Minden ugrás azt üzente, hogy él, hogy átjutott a halálon.
Su cuerpo se elevaba alegremente sobre una tierra quieta y fría que nunca se movía.
Teste vidáman szállt a mozdulatlan, hideg, meg sem rezdült föld felett.
Spitz se mantuvo frío y astuto, incluso en sus momentos más salvajes.
Spitz még a legvadabb pillanataiban is hideg és ravasz maradt.
Dejó el sendero y cruzó el terreno donde el arroyo se curvaba ampliamente.

Letért az ösvényről, és átkelt egy olyan területen, ahol a patak szélesre kanyarodott.
Buck, sin darse cuenta de esto, permaneció en el sinuoso camino del conejo.
Buck, mit sem sejtve erről, a nyúl kanyargós ösvényén maradt.
Entonces, cuando Buck dobló una curva, el conejo fantasmal estaba frente a él.
Aztán, ahogy Buck befordult egy kanyarban, a szellemszerű nyúl ott termett előtte.
Vio una segunda figura saltar desde la orilla delante de la presa.
Látta, hogy egy második alak ugrik le a partról, megelőzve a zsákmányt.
La figura era Spitz, aterrizando justo en el camino del conejo que huía.
Az alak Spitz volt, aki pont a menekülő nyúl útjába landolt.
El conejo no pudo girar y se encontró con las fauces de Spitz en el aire.
A nyúl nem tudott megfordulni, és a levegőben Spitz állkapcsába ütközött.
La columna vertebral del conejo se rompió con un chillido tan agudo como el grito de un humano moribundo.
A nyúl gerince egy haldokló ember kiáltásához hasonló éles sikoly kíséretében eltört.
Ante ese sonido, la caída de la vida a la muerte, la manada aulló fuerte.
Arra a hangra – az életből a halálba zuhanásra – a falka hangosan felüvöltött.
Un coro salvaje se elevó detrás de Buck, lleno de oscuro deleite.
Egy vad kórus emelkedett fel Buck mögött, tele sötét gyönyörűséggel.
Buck no emitió ningún grito ni sonido y se lanzó directamente hacia Spitz.
Buck nem kiáltott, egyetlen hangot sem adott ki, egyenesen Spitznek rohant.
Apuntó a la garganta, pero en lugar de eso golpeó el hombro.

A torkot célozta meg, de ehelyett a vállát találta el.
Cayeron sobre la nieve blanda; sus cuerpos trabados en combate.
Puha hóban bukfenceztek; testük harcba merült.
Spitz se levantó rápidamente, como si nunca lo hubieran derribado.
Spitz gyorsan felugrott, mintha soha nem is döngölték volna le.
Cortó el hombro de Buck y luego saltó para alejarse de la pelea.
Megvágta Buck vállát, majd kiugrott a küzdelemből.
Sus dientes chasquearon dos veces como trampas de acero y sus labios se curvaron y fueron feroces.
Kétszer is csattant a foga, mint az acélcsapda, ajkai vadra húzódtak.
Retrocedió lentamente, buscando terreno firme bajo sus pies.
Lassan hátrált, szilárd talajt keresve a lába alatt.
Buck comprendió el momento instantánea y completamente.
Buck azonnal és teljesen megértette a pillanatot.
Había llegado el momento; la lucha iba a ser una lucha a muerte.
Elérkezett az idő; a harc élet-halál harc lesz.
Los dos perros daban vueltas, gruñendo, con las orejas planas y los ojos entrecerrados.
A két kutya morogva, lelapult fülekkel, összeszűkült szemekkel körözött.
Cada perro esperaba que el otro mostrara debilidad o un paso en falso.
Mindegyik kutya arra várt, hogy a másik gyengeséget vagy hibát mutasson.
Para Buck, la escena era inquietantemente conocida y recordada profundamente.
Buck számára a jelenet hátborzongatóan ismerősnek és mélyen emlékezetesnek tűnt.
El bosque blanco, la tierra fría, la batalla bajo la luz de la luna.

A fehér erdők, a hideg föld, a holdfényben vívott csata.
Un pesado silencio llenó la tierra, profundo y antinatural.
Nehéz csend töltötte be a tájat, mély és természetellenes csend.
Ningún viento se agitó, ninguna hoja se movió, ningún sonido rompió la quietud.
Szél sem rezdült, levél sem mozdult, hang sem törte meg a csendet.
El aliento de los perros se elevaba como humo en el aire helado y silencioso.
A kutyák lehelete füstként emelkedett a fagyos, csendes levegőben.
El conejo fue olvidado hace mucho tiempo por la manada de bestias salvajes.
A nyulat rég elfelejtette a vadállatok falkája.
Estos lobos medio domesticados ahora permanecían quietos formando un amplio círculo.
Ezek a félig megszelídített farkasok most mozdulatlanul álltak széles körben.
Estaban en silencio, sólo sus ojos brillantes revelaban su hambre.
Csendben voltak, csak izzó szemük árulkodott az éhségükről.
Su respiración se elevó mientras observaban cómo comenzaba la pelea final.
Felfelé lélegzetelállítóan nézték a végső küzdelem kezdetét.
Para Buck, esta batalla era vieja y esperada, nada extraña.
Buck számára ez a csata régi és várható volt, egyáltalán nem furcsa.
Parecía el recuerdo de algo que siempre estuvo destinado a suceder.
Olyan volt, mint valaminek az emléke, aminek mindig is meg kellett történnie.
Spitz era un perro de pelea entrenado, perfeccionado por innumerables peleas salvajes.
Spitz egy kiképzett harci kutya volt, akit számtalan vad verekedés csiszolt.
Desde Spitzbergen hasta Canadá, había vencido a muchos enemigos.

A Spitzbergáktól Kanadáig számos ellenféllel győzött le.
Estaba lleno de furia, pero nunca dejó controlar la rabia.
Tele volt dühvel, de sosem adta át az irányítást a dühöngésnek.
Su pasión era aguda, pero siempre templada por un duro instinto.
Szenvedélye éles volt, de mindig kemény ösztön mérsékelte.
Nunca atacó hasta que su propia defensa estuvo en su lugar.
Soha nem támadott, amíg a saját védekezése a helyén nem volt.
Buck intentó una y otra vez alcanzar el vulnerable cuello de Spitz.
Buck újra meg újra megpróbálta elérni Spitz sebezhető nyakát.
Pero cada golpe era correspondido con un corte de los afilados dientes de Spitz.
De minden csapást Spitz éles fogai hasítással fogadtak.
Sus colmillos chocaron y ambos perros sangraron por los labios desgarrados.
Agyarak összecsaptak, és mindkét kutya vérzett a felszakadt ajkakból.
No importaba cuánto se lanzara Buck, no podía romper la defensa.
Hiába tört rá Buck, nem tudta áttörni a védelmet.
Se puso más furioso y se abalanzó con salvajes ráfagas de poder.
Egyre dühösebb lett, vad erőkitörésekkel rohant előre.
Una y otra vez, Buck atacó la garganta blanca de Spitz.
Buck újra meg újra Spitz fehér torkára csapott le.
Cada vez que Spitz esquivaba el ataque, contraatacaba con un mordisco cortante.
Spitz minden alkalommal kitért, és egy metsző harapással vágott vissza.
Entonces Buck cambió de táctica y se abalanzó nuevamente hacia la garganta.
Aztán Buck taktikát váltott, és úgy rohant, mintha ismét a torkának csapna.

Pero él retrocedió a mitad del ataque y se giró para atacar desde un costado.
De támadás közben visszahúzódott, és oldalról támadott.
Le lanzó el hombro a Spitz con la intención de derribarlo.
A vállával Spitznek vágta, azzal a céllal, hogy leüsse.
Cada vez que lo intentaba, Spitz lo esquivaba y contraatacaba con un corte.
Spitz minden alkalommal kitért, amikor megpróbálta, és egy csapással válaszolt.
El hombro de Buck se enrojeció cuando Spitz saltó después de cada golpe.
Buck válla felsírt, ahogy Spitz minden ütés után elhúzódott.
Spitz no había sido tocado, mientras que Buck sangraba por muchas heridas.
Spitzhez senki sem nyúlt, míg Buck számos sebből vérzett.
La respiración de Buck era rápida y pesada y su cuerpo estaba cubierto de sangre.
Buck lélegzete gyors és nehéz volt, teste vértől ázott.
La pelea se volvió más brutal con cada mordisco y embestida.
A harc minden egyes harapással és rohammal egyre brutálisabbá vált.
A su alrededor, sesenta perros silenciosos esperaban que cayera el primero.
Körülöttük hatvan néma kutya várta az első elesést.
Si un perro caía, la manada terminaría la pelea.
Ha egy kutya elesik, a falka befejezi a harcot.
Spitz vio que Buck se estaba debilitando y comenzó a presionar para atacar.
Spitz látta, hogy Buck gyengül, és támadásba lendült.
Mantuvo a Buck fuera de equilibrio, obligándolo a luchar para mantener el equilibrio.
Kibillentette az egyensúlyából Buckot, ami miatt küzdenie kellett a talpon maradásért.
Una vez Buck tropezó y cayó, y todos los perros se levantaron.

Buck egyszer megbotlott és elesett, mire az összes kutya felállt.
Pero Buck se enderezó a mitad de la caída y todos volvieron a caer.
De Buck zuhanás közben kiegyenesedett, és mindenki visszasüppedt.
Buck tenía algo poco común: una imaginación nacida de un instinto profundo.
Bucknak volt valami ritka tulajdonsága – mély ösztönből született képzelőereje.
Peleó con impulso natural, pero también peleó con astucia.
Természetes ösztönnel harcolt, de ravaszsággal is.
Cargó de nuevo como si repitiera su truco de ataque con el hombro.
Újra rohamra kelt, mintha megismételné a válltámadás trükkjét.
Pero en el último segundo, se agachó y pasó por debajo de Spitz.
De az utolsó pillanatban leugrott, és Spitz alá került.
Sus dientes se clavaron en la pata delantera izquierda de Spitz con un chasquido.
Fogai egy csattanással akadtak össze Spitz bal mellső lábán.
Spitz ahora estaba inestable, con su peso sobre sólo tres patas.
Spitz most bizonytalanul állt, testsúlya mindössze három lábon nyugodott.
Buck atacó de nuevo e intentó derribarlo tres veces.
Buck ismét lecsapott, háromszor próbálta leteríteni.
En el cuarto intento utilizó el mismo movimiento con éxito.
A negyedik próbálkozásra ugyanazt a mozdulatot alkalmazta sikerrel.
Esta vez Buck logró morder la pata derecha de Spitz.
Ezúttal Bucknak sikerült Spitz jobb lábát megharapnia.
Spitz, aunque lisiado y en agonía, siguió luchando por sobrevivir.
Spitz, bár nyomorék és kínok között volt, továbbra is küzdött a túlélésért.

Vio que el círculo de huskies se estrechaba, con las lenguas afuera y los ojos brillantes.
Látta, ahogy a huskyk köre egyre szorosabbra húzódik, kinyújtott nyelvekkel, izzó szemekkel.
Esperaron para devorarlo, tal como habían hecho con los otros.
Arra vártak, hogy felfalhassák, ahogyan másokkal is tették.
Esta vez, él estaba en el centro; derrotado y condenado.
Ezúttal középen állt; legyőzötten és kudarcra ítélve.
Ya no había opción de escapar para el perro blanco.
A fehér kutyának most már nem volt lehetősége elmenekülni.
Buck no mostró piedad, porque la piedad no pertenecía a la naturaleza.
Buck nem mutatott irgalmat, mert az irgalom nem a vadonban való.
Buck se movió con cuidado, preparándose para la carga final.
Buck óvatosan mozgott, felkészülve az utolsó rohamra.
El círculo de perros esquimales se cerró; sintió sus respiraciones cálidas.
A huskyk köre egyre közelebb ért; érezte meleg leheletüket.
Se agacharon, preparados para saltar cuando llegara el momento.
Leguggoltak, készen arra, hogy ugorjanak, ha eljön a pillanat.
Spitz temblaba en la nieve, gruñendo y cambiando su postura.
Spitz remegett a hóban, vicsorgott és változtatott az állásán.
Sus ojos brillaban, sus labios se curvaron y sus dientes brillaron en una amenaza desesperada.
Szemei lángoltak, ajkai felkunkorodtak, fogai kétségbeesett fenyegetésként villogtak.
Se tambaleó, todavía intentando contener el frío mordisco de la muerte.
Megtántorodott, még mindig próbálta visszatartani a halál hideg csípését.
Ya había visto esto antes, pero siempre desde el lado ganador.

Látott már ilyet korábban, de mindig a győztes oldalról.
Ahora estaba en el bando perdedor; el derrotado; la presa; la muerte.
Most a vesztes oldalon állt; a legyőzött; a préda; a halál.
Buck voló en círculos para asestar el golpe final, mientras el círculo de perros se acercaba cada vez más.
Buck az utolsó csapásra várva körözött, a kutyák gyűrűje egyre közelebb nyomult.
Podía sentir sus respiraciones calientes; listas para matar.
Érezte forró leheletüket; készen álltak a gyilkolásra.
Se hizo un silencio absoluto, todo estaba en su lugar, el tiempo se había detenido.
Csend lett; minden a helyén volt; megállt az idő.
Incluso el aire frío entre ellos se congeló por un último momento.
Még a köztük lévő hideg levegő is megfagyott egy utolsó pillanatra.
Sólo Spitz se movió, intentando contener su amargo final.
Csak Spitz mozdult, próbálta visszafogni keserű végét.
El círculo de perros se iba cerrando a su alrededor, tal como era su destino.
A kutyák köre egyre szűkült körülötte, ahogy a sorsa is.
Ahora estaba desesperado, sabiendo lo que estaba a punto de suceder.
Most már kétségbeesett volt, tudta, mi fog történni.
Buck saltó y hombro con hombro chocó una última vez.
Buck előreugrott, válla még utoljára összeért.
Los perros se lanzaron hacia adelante, cubriendo a Spitz en la oscuridad nevada.
A kutyák előretörtek, fedezve Spitzet a havas sötétségben.
Buck observaba, erguido, vencedor en un mundo salvaje.
Buck egyenesen állva figyelte őket; a győztes egy vad világban.
La bestia primordial dominante había cometido su asesinato, y fue bueno.
Az uralkodó ősállat begyűjtette a zsákmányát, és ez jó volt.

Aquel que ha alcanzado la maestría
Aki elnyerte a mesteri címet

¿Eh? ¿Qué dije? Digo la verdad cuando digo que Buck es un demonio.
„Hé? Mit mondtam? Igazat mondok, amikor azt mondom, hogy Buck egy ördög."
François dijo esto a la mañana siguiente después de descubrir que Spitz había desaparecido.
François ezt másnap reggel mondta, miután Spitz eltűntnek bizonyult.
Buck permaneció allí, cubierto de heridas por la feroz pelea.
Buck ott állt, tele sebekkel a kegyetlen küzdelem nyomaiból.
François acercó a Buck al fuego y señaló las heridas.
François a tűzhöz húzta Buckot, és a sérüléseire mutatott.
"Ese Spitz peleó como Devik", dijo Perrault, mirando los profundos cortes.
– Az a Spitz úgy harcolt, mint a Devik – mondta Perrault, a mély sebeket nézve.
—Y ese Buck peleó como dos demonios —respondió François inmediatamente.
– És hogy Buck úgy harcolt, mint két ördög – felelte azonnal François.
"Ahora iremos a buen ritmo; no más Spitz, no más problemas".
„Most már jó úton haladunk; nincs több Spitz, nincs több baj."
Perrault estaba empacando el equipo y cargando el trineo con cuidado.
Perrault pakolgatta a felszerelést, és gondosan megrakta a szánt.
François enjaezó a los perros para prepararlos para la carrera del día.
François befogta a kutyákat, hogy felkészüljön a napi futásra.
Buck trotó directamente a la posición de liderazgo que alguna vez ocupó Spitz.
Buck egyenesen a Spitz által korábban megtartott vezető pozícióba ügetett.

Pero François, sin darse cuenta, condujo a Solleks hacia el frente.
De François, mit sem törődve ezzel, előre vezette Solleks-et.
A juicio de François, Solleks era ahora el mejor perro guía.
François megítélése szerint Solleks volt most a legjobb vezetőkutya.
Buck se abalanzó furioso sobre Solleks y lo hizo retroceder en protesta.
Buck dühösen ráugrott Solleksre, és tiltakozásul visszaverte.
Se situó en el mismo lugar que una vez estuvo Spitz, ocupando la posición de liderazgo.
Ott állt, ahol egykor Spitz állt, és átvette a vezető pozíciót.
—¿Eh? ¿Eh? —gritó François, dándose palmadas en los muslos, divertido.
– Hé? Hé? – kiáltotta François, és szórakozottan a combjára csapott.
—Mira a Buck. Mató a Spitz y ahora quiere aceptar el trabajo.
„Nézd csak Buckot! Ő ölte meg Spitzet, most meg el akarja vállalni a munkát!"
—¡Vete, Chook! —gritó, intentando ahuyentar a Buck.
„Menj el, Chook!" – kiáltotta, miközben megpróbálta elkergetni Buckot.
Pero Buck se negó a moverse y se mantuvo firme en la nieve.
De Buck nem volt hajlandó megmozdulni, és szilárdan állt a hóban.
François agarró a Buck por la nuca y lo arrastró a un lado.
François megragadta Buckot a tarkójánál fogva, és félrerántotta.
Buck gruñó bajo y amenazante, pero no atacó.
Buck halkan és fenyegetően morgott, de nem támadott.
François puso a Solleks de nuevo en cabeza, intentando resolver la disputa.
François visszaszerezte a vezetést Solleksnek, megpróbálva rendezni a vitát
El perro viejo mostró miedo de Buck y no quería quedarse.
Az öreg kutya félt Bucktól, és nem akart maradni.

Cuando François le dio la espalda, Buck expulsó nuevamente a Solleks.
Amikor François hátat fordított, Buck ismét kiűzte Solleks-et.
Solleks no se resistió y se hizo a un lado silenciosamente una vez más.
Solleks nem ellenkezett, és csendben ismét félreállt.
François se enojó y gritó: "¡Por Dios, te arreglo!"
François dühös lett, és felkiáltott: „Istenemre, meggyógyítalak!"
Se acercó a Buck sosteniendo un pesado garrote en su mano.
Egy nehéz bunkót tartva a kezében, Buck felé közeledett.
Buck recordaba bien al hombre del suéter rojo.
Buck jól emlékezett a piros pulóveres férfira.
Se retiró lentamente, observando a François, pero gruñendo profundamente.
Lassan hátrált, François-t figyelve, de mélyet morgott.
No se apresuró a regresar, incluso cuando Solleks ocupó su lugar.
Nem sietett vissza, még akkor sem, amikor Solleks állt a helyén.
Buck voló en círculos fuera de su alcance, gruñendo con furia y protesta.
Buck elérhetetlen távolságban körözött, dühösen és tiltakozva vicsorgott.
Mantuvo la vista fija en el palo, dispuesto a esquivarlo si François lanzaba.
A klubra szegezte a szemét, készen arra, hogy kitérjen, ha François dobna.
Se había vuelto sabio y cauteloso en cuanto a las costumbres de los hombres con armas.
Bölcs és óvatos lett a fegyveres emberekkel szemben.
François se dio por vencido y llamó a Buck nuevamente a su antiguo lugar.
François feladta, és visszahívta Buckot a korábbi helyére.
Pero Buck retrocedió con cautela, negándose a obedecer la orden.

De Buck óvatosan hátrébb lépett, és nem volt hajlandó engedelmeskedni a parancsnak.
François lo siguió, pero Buck sólo retrocedió unos pasos más.
François követte, de Buck csak néhány lépést hátrált még.
Después de un tiempo, François arrojó el arma al suelo, frustrado.
Egy idő után François dühösen elhajította a fegyvert.
Pensó que Buck tenía miedo de que le dieran una paliza y que iba a venir sin hacer mucho ruido.
Azt gondolta, Buck fél a veréstől, és csendben fog jönni.
Pero Buck no estaba evitando el castigo: estaba luchando por su rango.
De Buck nem a büntetés elől menekült – a rangjáért küzdött.
Se había ganado el puesto de perro líder mediante una pelea a muerte.
Halálos küzdelemmel érdemelte ki a vezető kutya pozíciót
No iba a conformarse con nada menos que ser el líder.
Nem fog megelégedni kevesebbel, mint hogy vezető legyen.

Perrault participó en la persecución para ayudar a atrapar al rebelde Buck.
Perrault besegített az üldözésbe, hogy segítsen elkapni a lázadó Buckot.
Juntos lo hicieron correr alrededor del campamento durante casi una hora.
Együtt futkostak vele a táborban közel egy órán át.
Le lanzaron garrotes, pero Buck los esquivó hábilmente.
Bunkókkal dobálták meg, de Buck ügyesen kikerülte mindegyiket.
Lo maldijeron a él, a sus padres, a sus descendientes y a cada cabello que tenía.
Átkozták őt, őseit, leszármazottait és minden egyes hajszálát.
Pero Buck sólo gruñó y se quedó fuera de su alcance.
De Buck csak vicsorgott vissza, és pont annyira maradt, hogy ne érhessék el.

Nunca intentó huir, sino que rodeó el campamento deliberadamente.
Soha nem próbált elfutni, hanem szándékosan körbejárta a tábort.
Dejó claro que obedecería una vez que le dieran lo que quería.
Világossá tette, hogy engedelmeskedni fog, amint megkapja, amit akar.
François finalmente se sentó y se rascó la cabeza con frustración.
François végül leült, és dühösen megvakarta a fejét.
Perrault miró su reloj, maldijo y murmuró algo sobre el tiempo perdido.
Perrault ránézett az órájára, káromkodott, és az elvesztegetett időről motyogott.
Ya había pasado una hora cuando debían estar en el sendero.
Már eltelt egy óra, amikor már az ösvényen kellett volna lenniük.
François se encogió de hombros tímidamente y miró al mensajero, quien suspiró derrotado.
François szégyenlősen vállat vont a futár felé, aki legyőzötten felsóhajtott.
Entonces François se acercó a Solleks y llamó a Buck una vez más.
Aztán François odament Sollekshez, és ismét Buckot szólította.
Buck se rió como se ríe un perro, pero mantuvo una distancia cautelosa.
Buck úgy nevetett, mint egy kutya, de óvatos távolságot tartott.
François le quitó el arnés a Solleks y lo devolvió a su lugar.
François levette Solleks hámját, és visszavitte a helyére.
El equipo de trineo estaba completamente arneses y solo había un lugar libre.
A szánkócsapat teljes felszerelésben állt, csak egy hely volt betöltetlen.
La posición de liderazgo quedó vacía, claramente destinada solo para Buck.

A vezető pozíció üresen maradt, egyértelműen csak Bucknak szánták.
François volvió a llamar, y nuevamente Buck rió y se mantuvo firme.
François újra szólt, Buck pedig ismét nevetett és kitartott.
—Tira el garrote —ordenó Perrault sin dudarlo.
– Dobd le a botot! – parancsolta Perrault habozás nélkül.
François obedeció y Buck inmediatamente trotó hacia adelante orgulloso.
François engedelmeskedett, Buck pedig azonnal büszkén előreügetett.
Se rió triunfante y asumió la posición de líder.
Diadalmasan felnevetett, és átvette a vezető helyet.
François aseguró sus correajes y el trineo se soltó.
François biztosította a nyomait, és a szánt elengedték.
Ambos hombres corrieron al lado del equipo mientras corrían hacia el sendero del río.
Mindkét férfi egymás mellett futott, miközben a csapat a folyó menti ösvényre rohant.
François tenía en alta estima a los "dos demonios" de Buck.
François nagyra tartotta Buck „két ördögét",
Pero pronto se dio cuenta de que en realidad había subestimado al perro.
de hamarosan rájött, hogy valójában alábecsülte a kutyát.
Buck asumió rápidamente el liderazgo y trabajó con excelencia.
Buck gyorsan átvette a vezetést, és kiválóan teljesített.
En juicio, pensamiento rápido y acción veloz, Buck superó a Spitz.
Ítéletben, gyors gondolkodásban és gyors cselekvésben Buck felülmúlta Spitzet.
François nunca había visto un perro igual al que Buck mostraba ahora.
François még soha nem látott olyan kutyát, mint amilyennek Buck most mutatta magát.
Pero Buck realmente sobresalía en imponer el orden e imponer respeto.

De Buck valóban jeleskedett a rendfenntartásban és a tisztelet kivívásában.
Dave y Solleks aceptaron el cambio sin preocupación ni protesta.
Dave és Solleks aggodalom vagy tiltakozás nélkül elfogadták a változást.
Se concentraron únicamente en el trabajo y en tirar con fuerza de las riendas.
Csak a munkára és a gyeplő kemény húzására koncentráltak.
A ellos les importaba poco quién iba delante, siempre y cuando el trineo siguiera moviéndose.
Nem törődtek azzal, ki vezet, amíg a szán mozog.
Billee, la alegre, podría haber liderado todo lo que a ellos les importaba.
Billee, a vidám lány, akár vezethetett volna is, mindegy volt nekik.
Lo que les importaba era la paz y el orden en las filas.
Ami számított nekik, az a sorokban uralkodó béke és rend volt.

El resto del equipo se había vuelto rebelde durante la decadencia de Spitz.
A csapat többi tagja Spitz hanyatlása alatt rakoncátlanná vált.
Se sorprendieron cuando Buck inmediatamente los puso en orden.
Megdöbbentek, amikor Buck azonnal rendet teremtett bennük.
Pike siempre había sido perezoso y arrastraba los pies detrás de Buck.
Pike mindig is lusta volt, és csak húzta a lábát Buck után.
Pero ahora el nuevo liderazgo lo ha disciplinado severamente.
De most az új vezetés keményen megfegyelmezte.
Y rápidamente aprendió a aportar su granito de arena en el equipo.
És gyorsan megtanulta, hogyan érvényesítse a súlyát a csapatban.

Al final del día, Pike trabajó más duro que nunca.
A nap végére Pike keményebben dolgozott, mint valaha.
Esa noche en el campamento, Joe, el perro amargado, finalmente fue sometido.
Azon az estén a táborban Joe-t, a savanyú kutyát végre sikerült lecsillapítani.
Spitz no logró disciplinarlo, pero Buck no falló.
Spitz nem tudta megfegyelmezni, de Buck nem vallott kudarcot.
Utilizando su mayor peso, Buck superó a Joe en segundos.
Nagyobb súlyát felhasználva Buck másodpercek alatt legyűrte Joe-t.
Mordió y golpeó a Joe hasta que gimió y dejó de resistirse.
Addig harapdálta és ütötte Joe-t, amíg az felnyögött és felhagyott az ellenállással.
Todo el equipo mejoró a partir de ese momento.
Az egész csapat attól a pillanattól kezdve fejlődött.
Los perros recuperaron su antigua unidad y disciplina.
A kutyák visszanyerték régi egységüket és fegyelmüket.
En Rink Rapids, se unieron dos nuevos huskies nativos, Teek y Koona.
Rink Rapidsnél két új őshonos husky, Teek és Koona csatlakozott.
El rápido entrenamiento que Buck les dio sorprendió incluso a François.
Buck gyors kiképzése még François-t is megdöbbentette.
"¡Nunca hubo un perro como ese Buck!" gritó con asombro.
„Soha nem volt még ilyen kutya, mint ez a Buck!" – kiáltotta ámulva.
¡No, jamás! ¡Vale mil dólares, por Dios!
„Nem, soha! Istenemre mondom, ezer dollárt ér!"
—¿Eh? ¿Qué dices, Perrault? —preguntó con orgullo.
– Hm? Mit szólsz ehhez, Perrault? – kérdezte büszkén.
Perrault asintió en señal de acuerdo y revisó sus notas.
Perrault egyetértően bólintott, és átnézte a jegyzeteit.
Ya vamos por delante del cronograma y ganamos más cada día.

Már most megelőzzük a tervezettet, és napról napra többet nyerünk.
El sendero estaba duro y liso, sin nieve fresca.
Az ösvény keményre döngölt és sima volt, friss hó nem esett.
El frío era constante, rondando los cincuenta grados bajo cero durante todo el tiempo.
Állandó volt a hideg, végig ötven fok körül alakult.
Los hombres cabalgaban y corrían por turnos para entrar en calor y ganar tiempo.
A férfiak felváltva lovagoltak és futottak, hogy melegen tartsák magukat és időt nyerjenek.
Los perros corrían rápido, con pocas paradas y siempre avanzando.
A kutyák gyorsan futottak, kevés megállást követően, mindig előre nyomulva.
El río Thirty Mile estaba casi congelado y era fácil cruzarlo.
A Harminc Mérföld folyó nagy része be volt fagyva, és könnyen átkelhetett rajta.
Salieron en un día lo que habían tardado diez días en llegar.
Egy nap alatt mentek ki, míg visszafelé tíz napig tartott.
Hicieron una carrera de sesenta millas desde el lago Le Barge hasta White Horse.
Hatvan mérföldes száguldást tettek meg a Le Barge-tótól White Horse-ig.
A través de los lagos Marsh, Tagish y Bennett se movieron increíblemente rápido.
Hihetetlenül gyorsan haladtak a Marsh, Tagish és Bennett tavakon át.
El hombre corriendo remolcado detrás del trineo por una cuerda.
A futó férfi kötélen vontatta a szánkót.
En la última noche de la segunda semana llegaron a su destino.
A második hét utolsó estéjén megérkeztek úti céljukhoz.
Habían llegado juntos a la cima del Paso Blanco.
Együtt érték el a White Pass csúcsát.

Descendieron al nivel del mar con las luces de Skaguay debajo de ellos.
A tenger szintjére ereszkedtek, alattuk Skaguay fényei világítottak.
Había sido una carrera que estableció un récord a través de kilómetros de desierto frío.
Rekorddöntő futás volt a hideg vadon mérföldjein át.
Durante catorce días seguidos, recorrieron un promedio de cuarenta millas.
Tizennégy napon keresztül átlagosan negyven mérföldet tettek meg.
En Skaguay, Perrault y François transportaban mercancías por la ciudad.
Skaguay-ban Perrault és François rakományt szállítottak a városon keresztül.
Fueron aplaudidos y la multitud admirada les ofreció muchas bebidas.
A csodáló tömeg éljenezte őket, és sok italt kínált nekik.
Los cazadores de perros y los trabajadores se reunieron alrededor del famoso equipo de perros.
Kutyavadászok és munkások gyűltek össze a híres kutyás csapat körül.
Luego, los forajidos del oeste llegaron a la ciudad y sufrieron una derrota violenta.
Ezután nyugati törvényen kívüliek érkeztek a városba, és erőszakos vereséget szenvedtek.
La gente pronto se olvidó del equipo y se centró en un nuevo drama.
Az emberek hamarosan elfelejtették a csapatot, és új drámákra koncentráltak.
Luego vinieron las nuevas órdenes que cambiaron todo de golpe.
Aztán jöttek az új parancsok, amelyek egyszerre mindent megváltoztattak.
François llamó a Buck y lo abrazó con orgullo entre lágrimas.
François magához hívta Buckot, és könnyes büszkeséggel ölelte át.

Ese momento fue la última vez que Buck volvió a ver a François.
Ez volt az utolsó alkalom, hogy Buck újra látta François-t.
Como muchos hombres antes, tanto François como Perrault se habían ido.
Sok más férfihoz hasonlóan François és Perrault is eltűntek.
Un mestizo escocés se hizo cargo de Buck y sus compañeros de equipo de perros de trineo.
Egy skót félvér vette át Buck és szánhúzó kutyáinak irányítását.
Con una docena de otros equipos de perros, regresaron por el sendero hasta Dawson.
Egy tucat másik kutyafogattal együtt visszatértek a Dawsonba vezető ösvényen.
Ya no era una carrera rápida, solo un trabajo duro con una carga pesada cada día.
Most már nem volt gyors futás – csak nehéz kínlódás, nehéz teherrel minden nap.
Éste era el tren correo que llevaba noticias a los buscadores de oro cerca del Polo.
Ez volt a postavonat, amely hírt vitt az Északi-sark közelében lévő aranyvadászoknak.
A Buck no le gustaba el trabajo, pero lo soportaba bien y se enorgullecía de su esfuerzo.
Buck nem szerette a munkát, de jól viselte, büszke volt az erőfeszítésére.
Al igual que Dave y Solleks, Buck mostró devoción por cada tarea diaria.
Dave-hez és Sollekshez hasonlóan Buck is odaadással végezte minden napi feladatát.
Se aseguró de que cada uno de sus compañeros hiciera su parte.
Gondoskodott róla, hogy csapattársai mindannyian a rájuk bízott feladatokat végezzék.
La vida en el sendero se volvió aburrida, repetida con la precisión de una máquina.

Az ösvényes élet unalmassá vált, gépi pontossággal ismétlődött.
Cada día parecía igual, una mañana se fundía con la siguiente.
Minden nap ugyanolyannak tűnt, az egyik reggel beleolvadt a másikba.
A la misma hora, los cocineros se levantaron para hacer fogatas y preparar la comida.
Ugyanebben az órában a szakácsok is felkeltek, hogy tüzet rakjanak és ételt készítsenek.
Después del desayuno, algunos abandonaron el campamento mientras otros enjaezaron los perros.
Reggeli után néhányan elhagyták a tábort, míg mások befogták a kutyákat.
Se pusieron en marcha antes de que la tenue señal del amanecer tocara el cielo.
Még mielőtt a hajnal halvány figyelmeztetése elérte volna az eget, elindultak az ösvényen.
Por la noche se detenían para acampar, cada hombre con una tarea determinada.
Éjszaka megálltak tábort verni, minden embernek meghatározott feladata volt.
Algunos montaron tiendas de campaña, otros cortaron leña y recogieron ramas de pino.
Néhányan sátrakat vertek, mások tűzifát vágtak és fenyőágakat gyűjtöttek.
Se llevaba agua o hielo a los cocineros para la cena.
Vizet vagy jeget vittek vissza a szakácsoknak vacsorára.
Los perros fueron alimentados y esta fue la mejor parte del día para ellos.
A kutyákat megetették, és ez volt a nap legszebb része számukra.
Después de comer pescado, los perros se relajaron y descansaron cerca del fuego.
Miután elfogyasztották a halat, a kutyák pihentek és heverésztek a tűz közelében.
Había otros cien perros en el convoy con los que mezclarse.

Száz másik kutya is volt a konvojban, akikkel el lehetett beszélgetni.
Muchos de esos perros eran feroces y rápidos para pelear sin previo aviso.
Sok ilyen kutya vad volt és gyorsan verekedni kezdett figyelmeztetés nélkül.
Pero después de tres victorias, Buck dominó incluso a los luchadores más feroces.
De három győzelem után Buck még a legádázabb harcosokat is legyőzte.
Cuando Buck gruñó y mostró los dientes, se hicieron a un lado.
Amikor Buck morgott és kivillantotta a fogát, félreálltak.
Quizás lo mejor de todo es que a Buck le encantaba tumbarse cerca de la fogata parpadeante.
Talán a legjobban Buck imádott a pislákoló tábortűz közelében feküdni.
Se agachó con las patas traseras dobladas y las patas delanteras estiradas hacia adelante.
Leguggolt, hátsó lábait behúzva, első lábait előre nyújtva.
Levantó la cabeza mientras parpadeaba suavemente ante las llamas brillantes.
Felemelt fejjel halkan pislogott az izzó lángok felé.
A veces recordaba la gran casa del juez Miller en Santa Clara.
Néha eszébe jutott Miller bíró nagy háza Santa Clarában.
Pensó en la piscina de cemento, en Ysabel y en el pug llamado Toots.
A cementmedencére gondolt, Ysabelre és a Toots nevű mopszra.
Pero más a menudo recordaba el garrote del hombre del suéter rojo.
De gyakrabban a piros pulóveres férfi klubjára gondolt.
Recordó la muerte de Curly y su feroz batalla con Spitz.
Emlékezett Göndör halálára és a Spitzcel vívott ádáz csatájára.
También recordó la buena comida que había comido o con la que aún soñaba.

Eszébe jutottak azok a finom ételek is, amiket evett, vagy amikről még mindig álmodozott.

Buck no sentía nostalgia: el cálido valle era distante e irreal.

Buck nem honvágyas volt – a meleg völgy távoli és valószerűtlen volt.

Los recuerdos de California ya no ejercían ninguna atracción sobre él.

Kalifornia emlékei már nem igazán ragadták meg.

Más fuertes que la memoria eran los instintos profundos en su linaje.

Az emlékeinél erősebbek voltak a vérvonalában mélyen rejlő ösztönök.

Los hábitos que una vez se habían perdido habían regresado, revividos por el camino y la naturaleza.

Az elveszett szokások visszatértek, az ösvény és a vadon újjáélesztette őket.

Mientras Buck observaba la luz del fuego, a veces se convertía en otra cosa.

Miközben Buck a tűzfényt nézte, az néha valami mássá vált.

Vio a la luz del fuego otro fuego, más antiguo y más profundo que el actual.

A tűzfényben egy másik tüzet látott, régebbit és mélyebbet a jelenleginél.

Junto a ese otro fuego se agazapaba un hombre que no se parecía en nada al cocinero mestizo.

A másik tűz mellett egy férfi kuporgott, aki nem hasonlított a félvér szakácshoz.

Esta figura tenía piernas cortas, brazos largos y músculos duros y anudados.

Ennek az alaknak rövid lábai, hosszú karjai és kemény, csomós izmai voltak.

Su cabello era largo y enmarañado, y caía hacia atrás desde los ojos.

Hosszú és gubancos haja volt, a szemétől hátralógó.

Hizo ruidos extraños y miró con miedo hacia la oscuridad.

Furcsa hangokat adott ki, és félelemmel bámult a sötétségbe.

Sostenía agachado un garrote de piedra, firmemente agarrado con su mano larga y áspera.
Hosszú, durva kezében szorosan szorongatott egy kőbotot, ami alacsonyan tartotta.
El hombre vestía poco: sólo una piel carbonizada que le colgaba por la espalda.
A férfi keveset viselt; csak egy elszenesedett bőr lógott a hátán.
Su cuerpo estaba cubierto de espeso vello en los brazos, el pecho y los muslos.
Testét vastag szőrzet borította, amely a karján, a mellkasán és a combján húzódott.
Algunas partes del cabello estaban enredadas en parches de pelaje áspero.
A haj egyes részei durva szőrfoltokká kuszadtak össze.
No se mantenía erguido, sino inclinado hacia delante desde las caderas hasta las rodillas.
Nem állt egyenesen, hanem csípőtől térdig előrehajolt.
Sus pasos eran elásticos y felinos, como si estuviera siempre dispuesto a saltar.
Léptei ruganyosak és macskaszerűek voltak, mintha mindig készen állna az ugrásra.
Había un estado de alerta agudo, como si viviera con miedo constante.
Éles éberség áradt belőle, mintha állandó félelemben élne.
Este hombre anciano parecía esperar el peligro, ya sea que lo viera o no.
Ez az ősi ember látszólag számított a veszélyre, akár látta a veszélyt, akár nem.
A veces, el hombre peludo dormía junto al fuego, con la cabeza metida entre las piernas.
A szőrös férfi időnként a tűz mellett aludt, fejét a lábai közé dugva.
Sus codos descansaban sobre sus rodillas, sus manos entrelazadas sobre su cabeza.
Könyöke a térdén nyugodott, kezei a feje fölött összekulcsolva.

Como un perro, usó sus brazos peludos para protegerse de la lluvia que caía.
Mint egy kutya, szőrös karjaival lerázta magáról a hulló esőt.
Más allá de la luz del fuego, Buck vio dos brasas brillando en la oscuridad.
A tűzfényen túl Buck kettős parazsat látott izzani a sötétben.
Siempre de dos en dos, eran los ojos de las bestias rapaces al acecho.
Mindig kettesével, lesben álló ragadozók szemei voltak.
Escuchó cuerpos chocando contra la maleza y ruidos en la noche.
Testek csapódását hallotta a bozótosban, és hangokat az éjszakában.
Acostado en la orilla del Yukón, parpadeando, Buck soñaba junto al fuego.
A Yukon partján fekve, pislogva, Buck a tűz mellett álmodozott.
Las vistas y los sonidos de ese mundo salvaje le ponían los pelos de punta.
A vad világ látványától és hangjaitól égnek állt a haja.
El pelaje se le subió por la espalda, los hombros y el cuello.
A szőr felállt a hátán, a vállán és fel a nyakán.
Él gimió suavemente o emitió un gruñido bajo y profundo en su pecho.
Halkan nyüszített, vagy egy mély morgást hallatott a mellkasában.
Entonces el cocinero mestizo gritó: "¡Oye, Buck, despierta!"
Ekkor a félvér szakács felkiáltott: „Hé, te Buck, ébredj fel!"
El mundo de los sueños desapareció y la vida real regresó a los ojos de Buck.
Az álomvilág eltűnt, és a való élet visszatért Buck szemébe.
Iba a levantarse, estirarse y bostezar, como si acabara de despertar de una siesta.
Fel fog kelni, nyújtózkodni és ásítani, mintha szunyókálásból ébredt volna.
El viaje fue duro, con el trineo del correo arrastrándose detrás de ellos.

Az út nehéz volt, a postaszán húzta őket.
Las cargas pesadas y el trabajo duro agotaban a los perros cada largo día.
A nehéz terhek és a kemény munka minden hosszú napon kifárasztotta a kutyákat.
Llegaron a Dawson delgados, cansados y necesitando más de una semana de descanso.
Lesoványodva, fáradtan érkeztek meg Dawsonba, és több mint egyheti pihenésre volt szükségük.
Pero sólo dos días después, emprendieron nuevamente el descenso por el Yukón.
De mindössze két nappal később ismét elindultak lefelé a Yukonon.
Estaban cargados con más cartas destinadas al mundo exterior.
Még több, külvilágnak szánt levéllel voltak megrakodva.
Los perros estaban exhaustos y los hombres se quejaban constantemente.
A kutyák kimerültek voltak, a férfiak pedig állandóan panaszkodtak.
La nieve caía todos los días, suavizando el camino y ralentizando los trineos.
Minden nap esett a hó, megpuhítva az ösvényt és lelassítva a szánokat.
Esto provocó que el tirón fuera más difícil y hubo más resistencia para los corredores.
Ez nehezebb húzást és nagyobb ellenállást eredményezett a futókon.
A pesar de eso, los pilotos fueron justos y se preocuparon por sus equipos.
Ennek ellenére a sofőrök korrektek voltak és törődtek a csapataikkal.
Cada noche, los perros eran alimentados antes de que los hombres pudieran comer.
Minden este megetették a kutyákat, mielőtt a férfiak ehettek volna.

Ningún hombre duerme sin antes revisar las patas de su propio perro.
Senki sem aludt el anélkül, hogy meg ne nézte volna a saját kutyája lábát.
Aún así, los perros se fueron debilitando a medida que los kilómetros iban desgastando sus cuerpos.
A kutyák mégis egyre gyengébbek lettek, ahogy a kilométerek megviselték a testüket.
Habían viajado mil ochocientas millas durante el invierno.
Ezernyolcszáz kilométert utaztak a tél folyamán.
Tiraron de trineos a lo largo de cada milla de esa brutal distancia.
Szánkókkal tették meg ezt a brutális távolságot minden mérföldön.
Incluso los perros de trineo más resistentes sienten tensión después de tantos kilómetros.
Még a legkeményebb szánhúzókutyák is megerőltetőnek érzik magukat ennyi kilométer után.
Buck aguantó, mantuvo a su equipo trabajando y mantuvo la disciplina.
Buck kitartott, folyamatosan dolgozott a csapatán, és fegyelmet tartott.
Pero Buck estaba cansado, al igual que los demás en el largo viaje.
De Buck fáradt volt, akárcsak a többiek a hosszú úton.
Billee gemía y lloraba mientras dormía todas las noches sin falta.
Billee minden éjjel szünet nélkül nyöszörgött és sírt álmában.
Joe se volvió aún más amargado y Solleks se mantuvo frío y distante.
Joe még keserűbb lett, Solleks pedig hideg és távolságtartó maradt.
Pero fue Dave quien sufrió más de todo el equipo.
De az egész csapat közül Dave szenvedett a legjobban.
Algo había ido mal dentro de él, aunque nadie sabía qué.
Valami elromlott benne, bár senki sem tudta, hogy mi.

Se volvió más malhumorado y les gritaba a los demás con creciente enojo.
Egyre szeszélyesebb lett, és egyre növekvő dühvel nyafogott másoknak.
Cada noche iba directo a su nido, esperando ser alimentado.
Minden este egyenesen a fészkébe ment, és várta az etetést.
Una vez que cayó, Dave no se levantó hasta la mañana.
Miután Dave lefeküdt, reggelig nem kelt fel.
En las riendas, tirones o arranques repentinos le hacían gritar de dolor.
A gyeplőn a hirtelen rántások vagy ijedtségek fájdalmas felkiáltást váltottak ki belőle.
Su conductor buscó la causa, pero no encontró heridos.
A sofőrje kereste a baleset okát, de sérülést nem talált nála.
Todos los conductores comenzaron a observar a Dave y discutieron su caso.
Minden sofőr Dave-et kezdte figyelni, és megvitatták az esetét.
Hablaron durante las comidas y durante el último cigarrillo del día.
Étkezéskor és a nap utolsó cigarettája alatt beszélgettek.
Una noche tuvieron una reunión y llevaron a Dave al fuego.
Egyik este gyűlést tartottak, és Dave-et odavitték a tűzhöz.
Le apretaron y le palparon el cuerpo, y él gritaba a menudo.
Nyomkodták és tapogatták a testét, és gyakran felkiáltott.
Estaba claro que algo iba mal, aunque no parecía haber ningún hueso roto.
Nyilvánvalóan valami baj volt, bár úgy tűnt, hogy egyetlen csontja sem tört el.
Cuando llegaron a Cassiar Bar, Dave se estaba cayendo.
Mire elérték a Cassiar Bárt, Dave már zuhant.
El mestizo escocés pidió un alto y eliminó a Dave del equipo.
A skót félvér megálljt parancsolt, és eltávolította Dave-et a csapatból.
Sujetó a Solleks en el lugar de Dave, más cerca del frente del trineo.
Solleks-et Dave helyére rögzítette, a szán elejéhez legközelebb.

Su intención era dejar que Dave descansara y corriera libremente detrás del trineo en movimiento.

Hagyni akarta Dave-et pihenni, és szabadon szaladgálni a mozgó szánkó mögött.

Pero incluso estando enfermo, Dave odiaba que lo sacaran del trabajo que había tenido.

De még betegen is utálta Dave, ha elvették az eddigi munkájától.

Gruñó y gimió cuando le quitaron las riendas del cuerpo.

Morgott és nyüszített, ahogy a gyeplőt kihúzták a testéből.

Cuando vio a Solleks en su lugar, lloró con el corazón roto.

Amikor meglátta Solleks-et a helyén, megtört szívű fájdalommal sírt.

El orgullo por el trabajo en los senderos estaba profundamente arraigado en Dave, incluso cuando se acercaba la muerte.

A túraútvonalon végzett munka büszkesége mélyen élt Dave-ben, még a halál közeledtével is.

Mientras el trineo se movía, Dave se tambaleaba sobre la nieve blanda cerca del sendero.

Ahogy a szán mozgott, Dave vergődött a puha hóban az ösvény közelében.

Atacó a Solleks, mordiéndolo y empujándolo desde el costado del trineo.

Megtámadta Solleks-et, megharapta és a szán oldaláról lökte.

Dave intentó saltar al arnés y recuperar su lugar de trabajo.

Dave megpróbált beugrani a hámba, és visszaszerezni a munkaterületét.

Gritó, se quejó y lloró, dividido entre el dolor y el orgullo por el trabajo.

Felsikoltott, nyafogott és sírt, a fájdalom és a vajúdás utáni büszkeség között őrlődve.

El mestizo usó su látigo para intentar alejar a Dave del equipo.

A félvér az ostorát használta, hogy megpróbálja elűzni Dave-et a csapattól.

Pero Dave ignoró el látigo y el hombre no pudo golpearlo más fuerte.
De Dave nem törődött az ostorcsapással, és a férfi nem tudta erősebben megütni.
Dave rechazó el camino más fácil detrás del trineo, donde la nieve estaba acumulada.
Dave nem volt hajlandó a könnyebb utat választani a szánkó mögött, ahol vastag hó volt.
En cambio, luchaba en la nieve profunda junto al sendero, en la miseria.
Ehelyett a mély hóban küzdött az ösvény mellett, nyomorultul.
Finalmente, Dave se desplomó, quedó tendido en la nieve y aullando de dolor.
Végül Dave összeesett, a hóban feküdt és fájdalmasan üvöltött.
Gritó cuando el largo tren de trineos pasó a su lado uno por uno.
Felkiáltott, ahogy a szánkók hosszú sora egyesével elhaladt mellette.
Aún con las fuerzas que le quedaban, se levantó y tropezó tras ellos.
Mégis, maradék erejével felállt, és botladozva utánuk eredt.
Lo alcanzó cuando el tren se detuvo nuevamente y encontró su viejo trineo.
Amikor a vonat ismét megállt, utolérte, és megtalálta a régi szánkóját.
Pasó junto a los otros equipos y se quedó de nuevo al lado de Solleks.
Elvánszorgott a többi csapat mellett, és ismét Solleks mellé állt.
Cuando el conductor se detuvo para encender su pipa, Dave aprovechó su última oportunidad.
Miközben a sofőr megállt, hogy meggyújtsa a pipáját, Dave megragadta az utolsó esélyt.
Cuando el conductor regresó y gritó, el equipo no avanzó.

Amikor a sofőr visszatért és kiabált, a csapat nem mozdult előre.
Los perros habían girado la cabeza, confundidos por la parada repentina.
A kutyák elfordították a fejüket, zavartan a hirtelen megállást követően.
El conductor también estaba sorprendido: el trineo no se había movido ni un centímetro hacia adelante.
A sofőr is megdöbbent – a szán egy tapodtat sem mozdult előre.
Llamó a los demás para que vinieran a ver qué había sucedido.
Odakiáltott a többieknek, hogy jöjjenek és nézzék meg, mi történt.
Dave había mordido las riendas de Solleks, rompiéndolas ambas.
Dave átrágta Solleks gyeplőjét, mindkettőt széttépve.
Ahora estaba de pie frente al trineo, nuevamente en su posición correcta.
Most a szán előtt állt, vissza a jogos helyére.
Dave miró al conductor y le rogó en silencio que se mantuviera en el carril.
Dave felnézett a sofőrre, és magában könyörgött, hogy maradhasson a sínek között.
El conductor estaba desconcertado, sin saber qué hacer con el perro que luchaba.
A sofőr zavarban volt, nem tudta, mitévő legyen a vergődő kutyával.
Los otros hombres hablaron de perros que habían muerto al ser sacados a la calle.
A többi férfi kutyákról beszélt, amelyek elpusztultak, miközben kivitték őket.
Contaron sobre perros viejos o heridos cuyo corazón se rompió al ser abandonados.
Öreg vagy sérült kutyákról meséltek, akiknek a szíve összetört, amikor magukra hagyták őket.

Estuvieron de acuerdo en que era una misericordia dejar que Dave muriera mientras aún estaba en su arnés.
Egyetértettek, hogy irgalomból hagyták Dave-et meghalni, miközben még a hámjában volt.
Lo volvieron a sujetar al trineo y Dave tiró con orgullo.
Vissza volt kötözve a szánkóhoz, és Dave büszkén húzta.
Aunque a veces gritaba, trabajaba como si el dolor pudiera ignorarse.
Bár időnként felkiáltott, úgy dolgozott, mintha a fájdalmat figyelmen kívül lehetne hagyni.
Más de una vez se cayó y fue arrastrado antes de levantarse de nuevo.
Többször is elesett, és valaki vonszolta, mielőtt újra felkelt.
Un día, el trineo pasó por encima de él y desde ese momento empezó a cojear.
Egyszer átgurult rajta a szánkó, és attól a pillanattól kezdve sántikált.
Aún así, trabajó hasta llegar al campamento y luego se acostó junto al fuego.
Mégis dolgozott, amíg el nem érte a tábort, majd lefeküdt a tűz mellé.
Por la mañana, Dave estaba demasiado débil para viajar o incluso mantenerse en pie.
Reggelre Dave túl gyenge volt ahhoz, hogy utazzon, vagy akár csak felegyenesedjen.
En el momento de preparar el arnés, intentó alcanzar a su conductor con un esfuerzo tembloroso.
Amikor be kellett kapcsolnia, remegő erőfeszítéssel próbálta elérni a sofőrjét.
Se obligó a levantarse, se tambaleó y se desplomó sobre el suelo nevado.
Feltápászkodott, megtántorodott, és a havas földre rogyott.
Utilizando sus patas delanteras, arrastró su cuerpo hacia el área del arnés.
Mellső lábait használva vonszolta a testét a hámozási terület felé.

Avanzó poco a poco, centímetro a centímetro, hacia los perros de trabajo.
Apró lépésekkel, centiméterről centiméterre haladt előre a munkáskutyák felé.
Sus fuerzas se acabaron, pero siguió avanzando en su último y desesperado esfuerzo.
Ereje elhagyta, de utolsó kétségbeesett mozdulatával továbbment.
Sus compañeros de equipo lo vieron jadeando en la nieve, todavía deseando unirse a ellos.
Csapattársai látták, ahogy a hóban kapkodva kapkodja a levegőt, és még mindig vágyik rá, hogy csatlakozhasson hozzájuk.
Lo oyeron aullar de dolor mientras dejaban atrás el campamento.
Hallották a bánatos üvöltését, miközben elhagyták a tábort.
Cuando el equipo desapareció entre los árboles, el grito de Dave resonó detrás de ellos.
Ahogy a csapat eltűnt a fák között, Dave kiáltása visszhangzott mögöttük.
El tren de trineos se detuvo brevemente después de cruzar un tramo de bosque junto al río.
A szánkóvonat rövid időre megállt, miután átkelt egy folyóparti erdősávon.
El mestizo escocés caminó lentamente de regreso hacia el campamento que estaba detrás.
A skót félvér lassan visszasétált a mögötte lévő tábor felé.
Los hombres dejaron de hablar cuando lo vieron salir del tren de trineos.
A férfiak elhallgattak, amikor meglátták, hogy leszáll a szánkós vonatról.
Entonces un único disparo se oyó claro y nítido en el camino.
Aztán egyetlen lövés dördült tisztán és élesen át az ösvényen.
El hombre regresó rápidamente y ocupó su lugar sin decir palabra.
A férfi gyorsan visszatért, és szó nélkül elfoglalta a helyét.

Los látigos crujieron, las campanas tintinearon y los trineos rodaron por la nieve.
Ostorok csattantak, csengők csilingeltek, és a szánkók gurultak tovább a hóban.
Pero Buck sabía lo que había sucedido... y todos los demás perros también.
De Buck tudta, mi történt – és minden más kutya is.

El trabajo de las riendas y el sendero
A gyeplő és az ösvény fáradalmai

Treinta días después de salir de Dawson, el Salt Water Mail llegó a Skaguay.
Harminc nappal Dawson elhagyása után a Salt Water Mail megérkezett Skaguayba.
Buck y sus compañeros tomaron la delantera, llegando en lamentables condiciones.
Buck és csapattársai átvették a vezetést, szánalmas állapotban érkezve.
Buck había bajado de ciento cuarenta a ciento quince libras.
Buck száznegyvenről száztizenöt kilóra fogyott.
Los otros perros, aunque más pequeños, habían perdido aún más peso corporal.
A többi kutya, bár kisebb volt, még többet fogyott.
Pike, que antes fingía cojear, ahora arrastraba tras él una pierna realmente herida.
Pike, aki egykor csak álsántikált, most egy valóban sérült lábat vonszolt maga után.
Solleks cojeaba mucho y Dub tenía un omóplato torcido.
Solleks csúnyán sántított, Dubnak pedig megrándult a lapockája.
Todos los perros del equipo tenían las patas doloridas por las semanas que pasaron en el sendero helado.
A csapat minden kutyájának sajgott a lába a hetekig tartó fagyos ösvényen való tartózkodástól.
Ya no tenían resorte en sus pasos, sólo un movimiento lento y arrastrado.
Lépteikben már nem volt ruganyosság, csak lassú, vonszoló mozgás.
Sus pies golpeaban el sendero con fuerza y cada paso añadía más tensión a sus cuerpos.
Lábaik keményen nyomultak az ösvényen, minden egyes lépés egyre nagyobb terhelést jelentett a testüknek.
No estaban enfermos, sólo agotados más allá de toda recuperación natural.

Nem voltak betegek, csak annyira kimerültek, hogy természetes úton semmivé fáradtak.

No era el cansancio de un día duro que se curaba con una noche de descanso.

Ez nem egy nehéz nap fáradtsága volt, amit egy éjszakai pihenéssel gyógyíthattam.

Fue un agotamiento acumulado lentamente a lo largo de meses de esfuerzo agotador.

A kimerültség lassan, hónapokig tartó, kimerítő erőfeszítések során gyűlt össze.

No quedaban reservas de fuerza: habían agotado todas las que tenían.

Nem maradt tartalék erő – minden tartalékukat elhasználták.

Cada músculo, fibra y célula de sus cuerpos estaba gastado y desgastado.

Testük minden egyes izma, rostja és sejtje elhasználódott és elhasználódott.

Y había una razón: habían recorrido dos mil quinientas millas.

És volt is rá ok – kétezerötszáz mérföldet tettek meg.

Habían descansado sólo cinco días durante las últimas mil ochocientas millas.

Az elmúlt tizennyolcszáz mérföld alatt mindössze öt napot pihentek.

Cuando llegaron a Skaguay, parecían apenas capaces de mantenerse en pie.

Amikor Skaguay-ba értek, alig tudtak lábra állni.

Se esforzaron por mantener las riendas tensas y permanecer delante del trineo.

Küzdeniük kellett, hogy feszesen tartsák a gyeplőt, és a szán előtt maradjanak.

En las bajadas sólo lograron evitar ser atropellados.

A lejtőkön csak az gázolást sikerült elkerülniük.

"Sigan adelante, pobres pies doloridos", dijo el conductor mientras cojeaban.

– Rajta, szegény, fájós lábacskáim! – mondta a sofőr, miközben sántikáltak.

"Este es el último tramo, luego todos tendremos un largo descanso, seguro".

„Ez az utolsó szakasz, aztán biztosan mindannyian kapunk egy hosszú pihenőt."

"Un descanso verdaderamente largo", prometió mientras los observaba tambalearse hacia adelante.

„Egy igazán hosszú pihenés" – ígérte, miközben nézte, ahogy tántorgó léptekkel előrehaladnak.

Los conductores esperaban que ahora tuvieran un descanso largo y necesario.

A sofőrök arra számítottak, hogy most egy hosszú, szükséges szünetet tartanak.

Habían recorrido mil doscientas millas con sólo dos días de descanso.

Ezerkétszáz mérföldet tettek meg mindössze kétnapi pihenővel.

Por justicia y razón, sintieron que se habían ganado tiempo para relajarse.

Joggal és észszerűen úgy érezték, hogy kiérdemeltek egy kis időt a pihenésre.

Pero eran demasiados los que habían llegado al Klondike y muy pocos los que se habían quedado en casa.

De túl sokan jöttek a Klondike-ba, és túl kevesen maradtak otthon.

Las cartas de las familias llegaron en masa, creando montañas de correo retrasado.

Özönlöttek a családoktól érkező levelek, ami halmokban hozta létre a késedelmes postai küldeményeket.

Llegaron órdenes oficiales: nuevos perros de la Bahía de Hudson tomarían el control.

Megérkeztek a hivatalos parancsok – új Hudson-öbölbeli kutyák vették át a hatalmat.

Los perros exhaustos, ahora llamados inútiles, debían ser eliminados.

A kimerült, most már értéktelennek nevezett kutyákat meg kellett semmisíteni.

Como el dinero importaba más que los perros, los iban a vender a bajo precio.

Mivel a pénz fontosabb volt a kutyáknál, olcsón akarták eladni őket.

Pasaron tres días más antes de que los perros sintieran lo débiles que estaban.

Még három nap telt el, mire a kutyák igazán érezni kezdték, mennyire gyengék.

En la cuarta mañana, dos hombres de Estados Unidos compraron todo el equipo.

A negyedik reggelen két férfi az Államokból megvette az egész csapatot.

La venta incluía todos los perros, además de sus arneses usados.

Az eladás magában foglalta az összes kutyát, plusz a kopott hámjukat.

Los hombres se llamaban entre sí "Hal" y "Charles" mientras completaban el trato.

A férfiak „Hal"-nak és „Charles"-nak szólították egymást, miközben befejezték az üzletet.

Charles era un hombre de mediana edad, pálido, con labios flácidos y puntas de bigote feroces.

Károly középkorú, sápadt, petyhüdt ajkakkal és vad bajusszal rendelkezett.

Hal era un hombre joven, de unos diecinueve años, que llevaba un cinturón lleno de cartuchos.

Hal egy fiatalember volt, talán tizenkilenc, és töltényekkel tömött övet viselt.

El cinturón contenía un gran revólver y un cuchillo de caza, ambos sin usar.

Az övön egy nagy revolver és egy vadászkés lapult, mindkettő használatlan.

Esto demostró lo inexperto e inadecuado que era para la vida en el norte.

Ez megmutatta, mennyire tapasztalatlan és alkalmatlan az északi életre.

Ninguno de los dos pertenecía a la naturaleza; su presencia desafiaba toda razón.
Egyikük sem tartozott a vadonba; jelenlétük minden ésszerűséget felülmúlt.
Buck observó cómo el dinero intercambiaba manos entre el comprador y el agente.
Buck figyelte, ahogy a vevő és az ügynök között pénz cserélődik.
Sabía que los conductores de trenes correos abandonaban su vida como el resto.
Tudta, hogy a postavonat-vezetők ugyanúgy elhagyják az életét, mint bárki más.
Siguieron a Perrault y a François, ahora desaparecidos sin posibilidad de recuperación.
Perrault-t és François-t követték, akiket mostanra már sehol sem lehetett megjegyezni.
Buck y el equipo fueron conducidos al descuidado campamento de sus nuevos dueños.
Buckot és a csapatot új tulajdonosaik hanyag táborába vezették.
La tienda se hundía, los platos estaban sucios y todo estaba desordenado.
A sátor megereszkedett, a tányérok piszkosak voltak, és minden rendetlenül hevert.
Buck también notó que había una mujer allí: Mercedes, la esposa de Charles y hermana de Hal.
Buck egy nőt is észrevett ott – Mercedest, Charles feleségét és Hal húgát.
Formaban una familia completa, aunque no eran aptos para el recorrido.
Teljes családot alkottak, bár korántsem voltak alkalmasak az ösvényre.
Buck observó nervioso cómo el trío comenzó a empacar los suministros.
Buck idegesen figyelte, ahogy a trió elkezdte pakolgatni a holmikat.

Trabajaron duro, pero sin orden: sólo alboroto y esfuerzos desperdiciados.
Keményen dolgoztak, de rend nélkül – csak felhajtás és hiábavaló erőfeszítés.
La tienda estaba enrollada hasta formar un volumen demasiado grande para el trineo.
A sátrat ormótlanra tekerték fel, túl nagyra a szánkónak.
Los platos sucios se empaquetaron sin limpiarlos ni secarlos.
A piszkos edényeket anélkül pakolták be, hogy egyáltalán megtisztították volna vagy megszárították volna őket.
Mercedes revoloteaba por todos lados, hablando, corrigiendo y entrometiéndose constantemente.
Mercedes állandóan beszélt, javítgatott és beleavatkozott a dolgokba.
Cuando le ponían un saco en el frente, ella insistía en que lo pusieran en la parte de atrás.
Amikor egy zsákot előre tettek, ragaszkodott hozzá, hogy hátulra kerüljön.
Metió la bolsa en el fondo y al siguiente momento la necesitó.
Bepakolta a zsákot az aljára, és a következő pillanatban szüksége is volt rá.
De esta manera, el trineo fue desempaquetado nuevamente para alcanzar la bolsa específica.
Így hát a szánt újra kicsomagolták, hogy elérjék azt az egy bizonyos zsákot.
Cerca de allí, tres hombres estaban parados afuera de una tienda de campaña, observando cómo se desarrollaba la escena.
A közelben három férfi állt egy sátor előtt, és figyelte a kibontakozó jelenetet.
Sonrieron, guiñaron el ojo y sonrieron ante la evidente confusión de los recién llegados.
Mosolyogtak, kacsintottak és vigyorogtak az újonnan érkezők nyilvánvaló zavarodottságán.
"Ya tienes una carga bastante pesada", dijo uno de los hombres.

– Már így is elég nehéz a teher – mondta az egyik férfi.
"No creo que debas llevar esa tienda de campaña, pero es tu elección".
„Szerintem nem kellene cipelned azt a sátrat, de ez a te döntésed."
"¡Inimaginable!", exclamó Mercedes levantando las manos con desesperación.
– Álmodni sem mertem róla! – kiáltotta Mercedes, kétségbeesetten széttárva a kezét.
"¿Cómo podría viajar sin una tienda de campaña donde refugiarme?"
„Hogyan tudnék utazni sátor nélkül, ami alatt megbújhatnék?"
"Es primavera, ya no volverás a ver el frío", respondió el hombre.
„Tavasz van, nem fogsz többé hideget látni" – felelte a férfi.
Pero ella meneó la cabeza y ellos siguieron apilando objetos en el trineo.
De a nő megrázta a fejét, és tovább pakolták a tárgyakat a szánkóba.
La carga se elevó peligrosamente a medida que añadían los últimos elementos.
A rakomány veszélyesen magasra tornyosult, miközben az utolsó dolgokat is hozzáadták.
"¿Crees que el trineo se deslizará?" preguntó uno de los hombres con mirada escéptica.
„Gondolod, hogy elmegy a szán?" – kérdezte az egyik férfi szkeptikus pillantással.
"¿Por qué no debería?", replicó Charles con gran fastidio.
– Miért ne? – csattant fel Charles éles bosszúsággal.
—Está bien —dijo rápidamente el hombre, alejándose un poco de la ofensa.
– Ó, rendben van – mondta gyorsan a férfi, és elhárította a sértődést.
"Solo me preguntaba, me pareció que tenía la parte superior demasiado pesada".

„Csak azon tűnődtem – nekem egy kicsit túl nehéznek tűnt a teteje."
Charles se dio la vuelta y ató la carga lo mejor que pudo.
Károly elfordult, és amennyire csak tudta, lekötözte a terhet.
Pero las ataduras estaban sueltas y el embalaje en general estaba mal hecho.
De a kötözés laza volt, és a csomagolás összességében rosszul volt elvégezve.
"Claro, los perros tirarán de eso todo el día", dijo otro hombre con sarcasmo.
– Persze, a kutyák egész nap húzni fogják – mondta egy másik férfi gúnyosan.
—**Por supuesto** —respondió Hal con frialdad, agarrando el largo palo del trineo.
– Természetesen – felelte Hal hidegen, és megragadta a szán hosszú gearboxát.
Con una mano en el poste, blandía el látigo con la otra.
Az egyik kezével a rúdon, a másikban az ostort lengette.
"¡Vamos!", gritó. "¡Muévanse!", instando a los perros a empezar.
„Gyerünk!" – kiáltotta. „Gyerünk!" – sürgette a kutyákat, hogy induljanak.
Los perros se inclinaron hacia el arnés y se tensaron durante unos instantes.
A kutyák beledőltek a hámba, és néhány pillanatig erőlködtek.
Entonces se detuvieron, incapaces de mover ni un centímetro el trineo sobrecargado.
Aztán megálltak, képtelenek voltak egy tapodtat sem mozdítani a túlterhelt szánt.
—**¡Esos brutos perezosos!** —gritó Hal, levantando el látigo para golpearlos.
„A lusta bestiák!" – kiáltotta Hal, és felemelte az ostort, hogy lecsapjon rájuk.
Pero Mercedes entró corriendo y le arrebató el látigo de las manos a Hal.
De Mercedes odarohant, és kikapta Hal kezéből az ostort.
—Oh, Hal, no te atrevas a hacerles daño —gritó alarmada.

– Ó, Hal, ne merészeld bántani őket! – kiáltotta riadtan.
"Prométeme que serás amable con ellos o no daré un paso más".
„Ígérd meg, hogy kedves leszel hozzájuk, különben egy tapodtat sem megyek tovább."
—No sabes nada de perros —le espetó Hal a su hermana.
– Semmit sem tudsz a kutyákról! – csattant fel Hal a húgára.
"Son perezosos y la única forma de moverlos es azotándolos".
„Lusták, és az egyetlen módja annak, hogy megmozdítsuk őket, az az, ha megkorbácsoljuk őket."
"Pregúntale a cualquiera, pregúntale a uno de esos hombres de allí si dudas de mí".
„Kérdezz meg bárkit – kérdezz meg egyet azoktól az emberektől ott, ha kételkedsz bennem."
Mercedes miró a los espectadores con ojos suplicantes y llorosos.
Mercedes könyörgő, könnyes szemekkel nézett a bámészkodókra.
Su rostro mostraba lo profundamente que odiaba ver cualquier dolor.
Az arcán látszott, mennyire gyűlöli a fájdalom látványát.
"Están débiles, eso es todo", dijo un hombre. "Están agotados".
„Gyengék, ennyi az egész" – mondta az egyik férfi. „Elfáradtak."
"Necesitan descansar, han trabajado demasiado tiempo sin descansar".
„Pihenésre van szükségük – túl sokáig dolgoztatták őket szünet nélkül."
—Maldito sea el resto —murmuró Hal con el labio curvado.
– A többiek átkozottak legyenek! – motyogta Hal felkunkorodott ajakkal.
Mercedes jadeó, visiblemente dolida por la grosera palabra que pronunció.
Mercedes felnyögött, láthatóan fájt neki a durva szó tőle.

Aún así, ella se mantuvo leal y defendió instantáneamente a su hermano.
Ennek ellenére hűséges maradt, és azonnal megvédte a testvérét.
—No le hagas caso a ese hombre —le dijo a Hal—. Son nuestros perros.
– Ne törődj azzal az emberrel – mondta Halnak. – Ők a mi kutyáink.
"Los conduces como mejor te parezca, haz lo que creas correcto".
„Úgy vezeted őket, ahogy jónak látod – tedd, amit helyesnek látsz."
Hal levantó el látigo y volvió a golpear a los perros sin piedad.
Hal felemelte az ostort, és könyörtelenül ismét megütötte a kutyákat.
Se lanzaron hacia adelante, con el cuerpo agachado y los pies hundidos en la nieve.
Előrevetődtek, testük laposan, lábuk a hóba nyomódott.
Ponían toda su fuerza en tirar, pero el trineo no se movía.
Minden erejüket a húzásra fordították, de a szánkó nem mozdult.
El trineo quedó atascado, como un ancla congelada en la nieve compacta.
A szánkó ott ragadt, mint egy belefagyott horgony a döngölt hóba.
Tras un segundo esfuerzo, los perros se detuvieron de nuevo, jadeando con fuerza.
Egy második erőfeszítés után a kutyák ismét megálltak, lihegve.
Hal levantó el látigo una vez más, justo cuando Mercedes interfirió nuevamente.
Hal ismét felemelte az ostort, éppen akkor, amikor Mercedes ismét közbeavatkozott.
Ella cayó de rodillas frente a Buck y abrazó su cuello.
Térdre rogyott Buck előtt, és átölelte a nyakát.

Las lágrimas llenaron sus ojos mientras le suplicaba al perro exhausto.
Könnyek szöktek a szemébe, miközben könyörgött a kimerült kutyának.
"Pobres queridos", dijo, "¿por qué no tiran más fuerte?"
– Szegény drágáim – mondta –, miért nem húzzátok csak erősebben?
"Si tiras, no te azotarán así".
„Ha húzol, akkor nem fognak így megkorbácsolni."
A Buck no le gustaba Mercedes, pero estaba demasiado cansado para resistirse a ella ahora.
Buck nem szerette Mercedest, de most már túl fáradt volt ahhoz, hogy ellenálljon neki.
Él aceptó sus lágrimas como una parte más de ese día miserable.
A könnyeit csupán a nyomorúságos nap egy újabb részének fogadta.
Uno de los hombres que observaban finalmente habló después de contener su ira.
Az egyik figyelő férfi végre megszólalt, miután visszafojtotta a haragját.
"No me importa lo que les pase a ustedes, pero esos perros importan".
„Nem érdekel, mi történik veletek, de azok a kutyák számítanak."
"Si quieres ayudar, suelta ese trineo: está congelado hasta la nieve".
„Ha segíteni akarsz, tedd tönkre azt a szánt – hóhoz fagyott."
"Presiona con fuerza el polo G, derecha e izquierda, y rompe el sello de hielo".
„Nyomd meg erősen a gerendarudat jobbra-balra, és törd át a jégzárat."
Se hizo un tercer intento, esta vez siguiendo la sugerencia del hombre.
Harmadszorra is próbálkoztak, ezúttal a férfi javaslatára.
Hal balanceó el trineo de un lado a otro, soltando los patines.

Hal jobbra-balra ringatta a szánt, kioldva a talpakat.
El trineo, aunque sobrecargado y torpe, finalmente avanzó con dificultad.
A szánkó, bár túlterhelt és esetlen volt, végül előrelendült.
Buck y los demás tiraron salvajemente, impulsados por una tormenta de latigazos.
Buck és a többiek vadul húztak, az ostorcsapások vihara hajtotta őket.
Cien metros más adelante, el sendero se curvaba y descendía hacia la calle.
Száz méterrel előttük az ösvény kanyargott és lejtős lett az utcába.
Se hubiera necesitado un conductor habilidoso para mantener el trineo en posición vertical.
Egy ügyes hajtóra lett volna szükség ahhoz, hogy a szánt egyenesen tartsa.
Hal no era hábil y el trineo se volcó al girar en la curva.
Hal nem volt ügyes, és a szánkó felborult, amikor a kanyarban lengett.
Las ataduras sueltas cedieron y la mitad de la carga se derramó sobre la nieve.
A laza kötözőelemek elszabadultak, és a rakomány fele a hóra ömlött.
Los perros no se detuvieron; el trineo, más ligero, siguió volando de lado.
A kutyák nem álltak meg; a könnyebb szán oldalára dőlve repült tovább.
Enojados por el abuso y la pesada carga, los perros corrieron más rápido.
A bántalmazás és a nehéz teher miatt dühösen a kutyák gyorsabban futottak.
Buck, furioso, echó a correr, con el equipo siguiéndolo detrás.
Buck dühösen futásnak eredt, a csapat pedig a nyomában volt.
Hal gritó "¡Guau! ¡Guau!", pero el equipo no le hizo caso.
Hal felkiáltott: „Hűha! Hűha!", de a csapat ügyet sem vetett rá.

Tropezó, cayó y fue arrastrado por el suelo por el arnés.
Megbotlott, elesett, és a hámja magával rántotta a földön.
El trineo volcado saltó sobre él mientras los perros corrían delante.
A felborult szán átütközött rajta, miközben a kutyák előreszaladtak.
El resto de los suministros se dispersaron por la concurrida calle de Skaguay.
A többi készlet szétszórva hevert Skaguay forgalmas utcáján.
La gente bondadosa se apresuró a detener a los perros y recoger el equipo.
Jószívű emberek siettek megállítani a kutyákat és összeszedni a felszerelést.
También dieron consejos, contundentes y prácticos, a los nuevos viajeros.
Emellett őszinte és gyakorlatias tanácsokat adtak az új utazóknak.
"Si quieres llegar a Dawson, lleva la mitad de la carga y el doble de perros".
„Ha el akarsz jutni Dawsonba, vidd a rakomány felét és a kutyák dupláját."
Hal, Charles y Mercedes escucharon, aunque no con entusiasmo.
Hal, Charles és Mercedes hallgatták, bár nem lelkesedéssel.
Instalaron su tienda de campaña y comenzaron a clasificar sus suministros.
Felverték a sátrat, és elkezdték átválogatni a holmijukat.
Salieron alimentos enlatados, lo que hizo reír a carcajadas a los espectadores.
Konzervek kerültek elő, amin a bámészkodók hangosan felnevettek.
"¿Enlatado en el camino? Te morirás de hambre antes de que se derrita", dijo uno.
„Konzerv az ösvényen? Éhen halsz, mielőtt elolvadna" – mondta az egyik.
¿Mantas de hotel? Mejor tíralas todas.
„Szállodai takarók? Jobban jársz, ha mindet kidobod."

"Si también deshazte de la tienda de campaña, aquí nadie lava los platos".
„Hagyd el a sátrat is, és itt senki sem mosogat."
¿Crees que estás viajando en un tren Pullman con sirvientes a bordo?
„Azt hiszed, egy Pullman vonaton utazol, amiben szolgák vannak?"
El proceso comenzó: todos los objetos inútiles fueron arrojados a un lado.
A folyamat elkezdődött – minden haszontalan tárgyat félredobtak.
Mercedes lloró cuando sus maletas fueron vaciadas en el suelo nevado.
Mercedes sírt, amikor a táskáit a havas földre ürítették.
Ella sollozaba por cada objeto que tiraba, uno por uno, sin pausa.
Minden egyes kidobott tárgyon zokogott, egyesével, szünet nélkül.
Ella juró no dar un paso más, ni siquiera por diez Charleses.
Megfogadta, hogy egy lépést sem tesz többet – még tíz Charlesért sem.
Ella le rogó a cada persona cercana que le permitiera conservar sus cosas preciosas.
Könyörgött mindenkinek, aki a közelben állt, hogy hadd tartsa meg a drága holmijait.
Por último, se secó los ojos y comenzó a arrojar incluso la ropa más importante.
Végül megtörölte a szemét, és még a létfontosságú ruháit is elkezdte dobálni.
Cuando terminó con los suyos, comenzó a vaciar los suministros de los hombres.
Miután végzett a sajátjával, elkezdte kiüríteni a férfiak készleteit.
Como un torbellino, destrozó las pertenencias de Charles y Hal.
Mint egy forgószél, úgy rohant át Charles és Hal holmijain.

Aunque la carga se redujo a la mitad, todavía era mucho más pesada de lo necesario.
Bár a rakományt a felére csökkentették, még mindig sokkal nehezebb volt a kelleténél.
Esa noche, Charles y Hal salieron y compraron seis perros nuevos.
Azon az estén Charles és Hal elmentek, és hat új kutyát vettek.
Estos nuevos perros se unieron a los seis originales, además de Teek y Koona.
Ezek az új kutyák csatlakoztak az eredeti hathoz, plusz Teekhez és Koonához.
Juntos formaron un equipo de catorce perros enganchados al trineo.
Együtt alkottak egy tizennégy kutyából álló csapatot, amelyet a szánhoz kötöttek.
Pero los nuevos perros no eran aptos y estaban mal entrenados para el trabajo con trineos.
De az új kutyák alkalmatlanok és rosszul képzettek voltak a szánhúzásra.
Tres de los perros eran pointers de pelo corto y uno era un Terranova.
A kutyák közül három rövid szőrű vizsla, egy pedig újfundlandi volt.
Los dos últimos perros eran mestizos, sin ninguna raza ni propósito claros.
Az utolsó két kutya olyan korcs volt, amelyeknek semmilyen egyértelmű fajtája vagy céljuk nem volt.
No entendieron el camino y no lo aprendieron rápidamente.
Nem értették az ösvényt, és nem is tanulták meg gyorsan.
Buck y sus compañeros los miraron con desprecio y profunda irritación.
Buck és társai megvetéssel és mély ingerültséggel figyelték őket.
Aunque Buck les enseñó lo que no debían hacer, no podía enseñarles cuál era el deber.
Bár Buck megtanította nekik, mit ne tegyenek, a kötelességtudatra nem taníthatta meg őket.

No se adaptaron bien a la vida en senderos ni al tirón de las riendas y los trineos.
Nem szerették az élet nyomában járni, vagy a gyeplő és a szánkó vontatását.
Sólo los mestizos intentaron adaptarse, e incluso a ellos les faltó espíritu de lucha.
Csak a korcsok próbáltak alkalmazkodni, és még tőlük is hiányzott a harci szellem.
Los demás perros estaban confundidos, debilitados y destrozados por su nueva vida.
A többi kutya összezavarodott, legyengült és megtört volt az új életétől.
Con los nuevos perros desorientados y los viejos exhaustos, la esperanza era escasa.
Mivel az új kutyák fogalmatlanok, a régiek pedig kimerültek, a remény szerény volt.
El equipo de Buck había recorrido dos mil quinientas millas de senderos difíciles.
Buck csapata kétezer-ötszáz mérföldnyi rögös ösvényt tett meg.
Aún así, los dos hombres estaban alegres y orgullosos de su gran equipo de perros.
A két férfi mégis vidám volt, és büszke a nagy kutyacsapatára.
Creían que viajaban con estilo, con catorce perros enganchados.
Azt hitték, stílusosan utaznak, tizennégy kutyával befogva.
Habían visto trineos partir hacia Dawson y otros llegar desde allí.
Látták, hogy a szánkók elindulnak Dawsonba, és mások megérkeznek onnan.
Pero nunca habían visto uno tirado por tantos catorce perros.
De még soha nem láttak olyat, amit tizennégy kutya húzott volna.
Había una razón por la que equipos como ese eran raros en el desierto del Ártico.
Volt ok arra, hogy az ilyen csapatok ritkák voltak az arktiszi vadonban.

Ningún trineo podría transportar suficiente comida para alimentar a catorce perros durante el viaje.
Egyetlen szán sem tudott annyi élelmet szállítani, hogy tizennégy kutyát is megetethessen az útra.
Pero Charles y Hal no lo sabían: habían hecho los cálculos.
De Charles és Hal ezt nem tudták – ők már kiszámolták.
Planificaron la comida: tanta cantidad por perro, tantos días, y listo.
Ceruzával kiszámolták az ételt: ennyi kutyánként, ennyi napra, ennyi időre.
Mercedes miró sus figuras y asintió como si tuviera sentido.
Mercedes a számokra nézett, és bólintott, mintha érthető lenne a dolog.
Todo le parecía muy sencillo, al menos en el papel.
Minden nagyon egyszerűnek tűnt számára, legalábbis papíron.

A la mañana siguiente, Buck guió al equipo lentamente por la calle nevada.
Másnap reggel Buck lassan felvezette a csapatot a havas utcán.
No había energía ni espíritu en él ni en los perros detrás de él.
Sem benne, sem a mögötte lévő kutyákban nem volt energia vagy szellem.
Estaban muertos de cansancio desde el principio: no les quedaban reservas.
Már a legelejétől fogva halálosan fáradtak voltak – nem maradt semmi tartalék.
Buck ya había hecho cuatro viajes entre Salt Water y Dawson.
Buck már négy utat tett meg Salt Water és Dawson között.
Ahora, enfrentado nuevamente el mismo desafío, no sentía nada más que amargura.
Most, hogy újra ugyanazzal az ösvénnyel kellett szembenéznie, semmi mást nem érzett, csak keserűséget.
Su corazón no estaba en ello, ni tampoco el corazón de los otros perros.

A szíve nem volt benne, ahogy a többi kutya szíve sem.
Los nuevos perros eran tímidos y los huskies carecían de confianza.
Az új kutyák félénkek voltak, a huskyk pedig teljesen megbízhatatlanok.
Buck sintió que no podía confiar en estos dos hombres ni en su hermana.
Buck érezte, hogy nem számíthat erre a két férfira vagy a húgukra.
No sabían nada y no mostraron señales de aprender en el camino.
Semmit sem tudtak, és az ösvényen sem mutattak tanulási jeleit.
Estaban desorganizados y carecían de cualquier sentido de disciplina.
Rendetlenek voltak és hiányzott belőlük a fegyelem.
Les tomó media noche montar un campamento descuidado cada vez.
Minden alkalommal fél éjszaka kellett hozzá, hogy rendetlenül tábort verjenek.
Y la mitad de la mañana siguiente la pasaron otra vez jugueteando con el trineo.
És a következő délelőtt felét megint a szánnal babrálva töltötték.
Al mediodía, a menudo se detenían simplemente para arreglar la carga desigual.
Délre gyakran már csak azért is megálltak, hogy kijavítsák az egyenetlen terhelést.
Algunos días, viajaron menos de diez millas en total.
Voltak napok, amikor összesen kevesebb mint tíz mérföldet tettek meg.
Otros días ni siquiera conseguían salir del campamento.
Más napokon egyáltalán nem sikerült elhagyniuk a tábort.
Nunca llegaron a cubrir la distancia alimentaria planificada.
Soha nem kerültek a tervezett élelemszerzési távolság megtételének közelébe.

Como era de esperar, muy rápidamente se quedaron sin comida para los perros.
Ahogy az várható volt, nagyon gyorsan elfogyott az élelem a kutyáknak.
Empeoró las cosas sobrealimentándolos en los primeros días.
A helyzetet tovább rontották azzal, hogy az első napokban túletették őket.
Esto acercaba la hambruna con cada ración descuidada.
Ez minden egyes gondatlan adaggal közelebb hozta az éhezést.
Los nuevos perros no habían aprendido a sobrevivir con muy poco.
Az új kutyák nem tanulták meg, hogyan éljenek túl nagyon kevésből.
Comieron con hambre, con apetitos demasiado grandes para el camino.
Éhesen ettek, túl nagy étvágyuk volt az ösvényhez.
Al ver que los perros se debilitaban, Hal creyó que la comida no era suficiente.
Látva a kutyák legyengülését, Hal úgy gondolta, hogy az étel nem elég.
Duplicó las raciones, empeorando aún más el error.
Megduplázta az adagokat, amivel még súlyosbította a hibát.
Mercedes añadió más problemas con lágrimas y suaves súplicas.
Mercedes könnyeivel és halk könyörgésével tetézte a problémát.
Cuando no pudo convencer a Hal, alimentó a los perros en secreto.
Amikor nem tudta meggyőzni Halt, titokban megetette a kutyákat.
Ella robó de los sacos de pescado y se lo dio a sus espaldas.
Lopott a halaszsákokból, és a férfi háta mögött odaadta nekik.
Pero lo que los perros realmente necesitaban no era más comida: era descanso.

De a kutyáknak igazán nem több ételre volt szükségük, hanem pihenésre.
Iban a poca velocidad, pero el pesado trineo aún seguía avanzando.
Gyengén haladtak, de a nehéz szán még mindig vonszolta magát.
Ese peso solo les quitaba las fuerzas que les quedaban cada día.
Már csak ez a súly is kiszívta a maradék erejüket minden egyes nap.
Luego vino la etapa de desalimentación ya que los suministros escasearon.
Aztán jött az alultápláltság szakasza, mivel a készletek fogytán voltak.
Una mañana, Hal se dio cuenta de que la mitad de la comida para perros ya había desaparecido.
Hal egy reggel rájött, hogy a kutyatáp fele már elfogyott.
Sólo habían recorrido una cuarta parte de la distancia total del recorrido.
A teljes ösvény távolságának csak egynegyedét tették meg.
No se podía comprar más comida por ningún precio que se ofreciera.
Több élelmet nem lehetett venni, bármilyen árat is ajánlottak érte.
Redujo las raciones de los perros por debajo de la ración diaria estándar.
A kutyák adagjait a szokásos napi adag alá csökkentette.
Al mismo tiempo, exigió viajes más largos para compensar las pérdidas.
Ugyanakkor hosszabb utazást követelt a veszteség pótlására.
Mercedes y Carlos apoyaron este plan, pero fracasaron en su ejecución.
Mercedes és Charles támogatták ezt a tervet, de a végrehajtás kudarcot vallott.
Su pesado trineo y su falta de habilidad hicieron que el avance fuera casi imposible.

Nehéz szánjuk és a képességek hiánya szinte lehetetlenné tette az előrehaladást.
Era fácil dar menos comida, pero imposible forzar más esfuerzo.
Könnyű volt kevesebb ételt adni, de lehetetlen volt több erőfeszítésre kényszeríteni.
No podían salir temprano ni tampoco viajar horas extras.
Nem kezdhettek korán, és nem utazhattak túlórákat sem.
No sabían cómo trabajar con los perros, ni tampoco ellos mismos.
Nem tudták, hogyan kell dolgozni a kutyákkal, sőt, még magukat sem.
El primer perro que murió fue Dub, el desafortunado pero trabajador ladrón.
Az első kutya, amelyik meghalt, Dub volt, a balszerencsés, de szorgalmas tolvaj.
Aunque a menudo lo castigaban, Dub había hecho su parte sin quejarse.
Bár gyakran megbüntették, Dub panasz nélkül helytállt.
Su hombro lesionado empeoró sin cuidados ni necesidad de descanso.
Sérült válla ellátás és pihenés nélkül egyre rosszabb lett.
Finalmente, Hal usó el revólver para acabar con el sufrimiento de Dub.
Végül Hal a revolverrel vetett véget Dub szenvedéseinek.
Un dicho común afirma que los perros normales mueren con raciones para perros esquimales.
Egy közmondás szerint a normális kutyák husky takarmányon pusztulnak el.
Los seis nuevos compañeros de Buck tenían sólo la mitad de la porción de comida del husky.
Buck hat új társa csak a husky adagjának a felét kapta.
Primero murió el Terranova y después los tres bracos de pelo corto.
Először az újfundlandi pusztult el, majd a három rövidszőrű vizsla.

Los dos mestizos resistieron más tiempo pero finalmente perecieron como el resto.
A két korcs kutya tovább kitartott, de végül a többiekhez hasonlóan elpusztult.
Para entonces, todas las comodidades y la dulzura de Southland habían desaparecido.
Ekkorra már a Délvidék minden kényelme és szelídsége eltűnt.
Las tres personas habían perdido los últimos vestigios de su educación civilizada.
A három ember magától lerázta magáról civilizált neveltetésének utolsó nyomait is.
Despojado de glamour y romance, el viaje al Ártico se volvió brutalmente real.
A csillogástól és romantikától megfosztva a sarkvidéki utazás brutálisan valósággá vált.
Era una realidad demasiado dura para su sentido de masculinidad y feminidad.
Ez a valóság túl kemény volt a férfiasságukról és nőiességükről alkotott képükhöz képest.
Mercedes ya no lloraba por los perros, ahora lloraba sólo por ella misma.
Mercedes már nem a kutyákat siratta, hanem csak önmagát.
Pasó su tiempo llorando y peleando con Hal y Charles.
Az idejét sírással és Hal-lal és Charles-szal való veszekedéssel töltötte.
Pelear era lo único que nunca estaban demasiado cansados para hacer.
A veszekedés volt az egyetlen dolog, amihez sosem voltak túl fáradtak.
Su irritabilidad surgió de la miseria, creció con ella y la superó.
Ingerlékenységük a nyomorúságból fakadt, vele együtt nőtt, és meghaladta azt.
La paciencia del camino, conocida por quienes trabajan y sufren con bondad, nunca llegó.

Az ösvény türelme, melyet azok ismernek, akik kedvesen fáradoznak és szenvednek, soha nem jött el.
Esa paciencia que conserva dulce la palabra a pesar del dolor les era desconocida.
Az a türelem, amely a fájdalom közepette is édessé teszi a beszédet, ismeretlen volt előttük.
No tenían ni un ápice de paciencia ni la fuerza que suponía sufrir con gracia.
Semmi türelem nem volt bennük, semmi erő nem merített a kegyelemmel teli szenvedésből.
Estaban rígidos por el dolor: les dolían los músculos, los huesos y el corazón.
Fájdalomtól merevek voltak – sajgott az izmaik, a csontjaik és a szívük.
Por eso se volvieron afilados de lengua y rápidos para usar palabras ásperas.
Emiatt éles nyelvűek és gyorsak lettek a kemény szavakkal.
Cada día comenzaba y terminaba con voces enojadas y amargas quejas.
Minden nap dühös hangokkal és keserű panaszokkal kezdődött és végződött.
Charles y Hal discutían cada vez que Mercedes les daba una oportunidad.
Charles és Hal mindig vitatkoztak, amikor Mercedes lehetőséget adott nekik.
Cada hombre creía que hacía más de lo que le correspondía en el trabajo.
Minden férfi úgy gondolta, hogy többet végzett, mint amennyit méltányos részük rá hárult.
Ninguno de los dos perdió la oportunidad de decirlo una y otra vez.
Egyikük sem szalasztotta el a lehetőséget, hogy újra meg újra elmondja.
A veces Mercedes se ponía del lado de Charles, a veces del lado de Hal.
Mercedes néha Charles, néha Hal oldalára állt.

Esto dio lugar a una gran e interminable disputa entre los tres.
Ez egy nagy és véget nem érő veszekedéshez vezetett a három között.
Una disputa sobre quién debería cortar leña se salió de control.
A vita arról, hogy kinek kellene tűzifát aprítania, elfajult.
Pronto se nombraron padres, madres, primos y parientes muertos.
Hamarosan apákat, anyákat, unokatestvéreket és halott rokonokat neveztek meg.
Las opiniones de Hal sobre el arte o las obras de su tío se convirtieron en parte de la pelea.
Hal művészetről vagy nagybátyja darabjairól alkotott nézetei a harc részévé váltak.
Las creencias políticas de Charles también entraron en el debate.
Károly politikai nézetei is vitába keveredtek.
Para Mercedes, incluso los chismes de la hermana de su marido parecían relevantes.
Mercedes számára még a férje húgának pletykái is relevánsnak tűntek.
Ella expresó sus opiniones sobre eso y sobre muchos de los defectos de la familia de Charles.
Véleményt nyilvánított erről és Charles családjának számos hibájáról.
Mientras discutían, el fuego permaneció apagado y el campamento medio montado.
Miközben vitatkoztak, a tűz nem gyújtott, és a tábor félig készen állt.
Mientras tanto, los perros permanecieron fríos y sin comida.
Eközben a kutyák fáztak és ennivaló nélkül maradtak.
Mercedes tenía un motivo de queja que consideraba profundamente personal.
Mercedesnek volt egy sérelme, amit mélyen személyesnek tartott.

Se sintió maltratada como mujer, negándole sus privilegios de gentileza.
Úgy érezte, hogy nőként rosszul bánnak vele, megfosztják tőle a nemes kiváltságait.
Ella era bonita y dulce, y acostumbrada a la caballerosidad toda su vida.
Csinos és gyengéd volt, és egész életében lovagias volt.
Pero su marido y su hermano ahora la trataban con impaciencia.
De a férje és a bátyja most türelmetlenül bántak vele.
Su costumbre era actuar con impotencia y comenzaron a quejarse.
Szokása az volt, hogy tehetetlenül viselkedett, és a gyerekek panaszkodni kezdtek.
Ofendida por esto, les hizo la vida aún más difícil.
Ezen megsértődve még jobban megnehezítette az életüket.
Ella ignoró a los perros e insistió en montar ella misma el trineo.
Nem törődött a kutyákkal, és ragaszkodott hozzá, hogy ő maga üljön a szánon.
Aunque parecía ligera de aspecto, pesaba ciento veinte libras.
Bár könnyű volt a külseje, százhúsz fontot nyomott.
Esa carga adicional era demasiado para los perros hambrientos y débiles.
Ez a plusz teher túl sok volt az éhező, gyenge kutyáknak.
Aún así, ella cabalgó durante días, hasta que los perros se desplomaron en las riendas.
Mégis napokig lovagolt, mígnem a kutyák összeestek a gyeplőben.
El trineo se detuvo y Charles y Hal le rogaron que caminara.
A szán megállt, Charles és Hal pedig könyörögtek neki, hogy menjen tovább.
Ellos suplicaron y rogaron, pero ella lloró y los llamó crueles.
Könyörögtek és könyörögtek, de ő sírt és kegyetlennek nevezte őket.

En una ocasión la sacaron del trineo con pura fuerza y enojo.
Egyszer puszta erővel és dühvel lerántották a szánról.
Nunca volvieron a intentarlo después de lo que pasó aquella vez.
A történtek után soha többé nem próbálkoztak.
Ella se quedó flácida como un niño mimado y se sentó en la nieve.
Elernyedt, mint egy elkényeztetett gyerek, és leült a hóba.
Ellos siguieron adelante, pero ella se negó a levantarse o seguirlos.
Továbbmentek, de a lány nem volt hajlandó felkelni vagy követni őket.
Después de tres millas, se detuvieron, regresaron y la llevaron de regreso.
Három mérföld után megálltak, visszatértek, és visszavitték.
La volvieron a cargar en el trineo, nuevamente usando la fuerza bruta.
Újra felrakták a szánra, ismét nyers erőt bevetve.
En su profunda miseria, fueron insensibles al sufrimiento de los perros.
Mély nyomorúságukban érzéketlenek voltak a kutyák szenvedésével szemben.
Hal creía que uno debía endurecerse y forzar esa creencia a los demás.
Hal úgy hitte, hogy az embernek meg kell keményednie, és ezt a hitet másokra is ráerőltette.
Primero intentó predicar su filosofía a su hermana.
Először a nővérének próbálta hirdetni a filozófiáját.
y luego, sin éxito, le predicó a su cuñado.
majd sikertelenül prédikált a sógorának.
Tuvo más éxito con los perros, pero sólo porque los lastimaba.
A kutyákkal több sikert ért el, de csak azért, mert fájdalmat okozott nekik.
En Five Fingers, la comida para perros se quedó completamente sin comida.
A Five Fingersnél a kutyatáp teljesen kifogyott.

Una vieja india desdentada vendió unas cuantas libras de cuero de caballo congelado
Egy fogatlan öreg squaw eladott néhány font fagyasztott lóbőrt
Hal cambió su revólver por la piel de caballo seca.
Hal elcserélte revolverét a szárított lóbőrre.
La carne había procedido de caballos hambrientos de ganaderos meses antes.
A hús hónapokkal korábban éhen halt marhatenyésztők lovaitól származott.
Congelada, la piel era como hierro galvanizado: dura y incomestible.
A megfagyott bőr olyan volt, mint a horganyzott vas; kemény és ehetetlen.
Los perros tenían que masticar sin parar la piel para poder comérsela.
A kutyáknak vég nélkül kellett rágniuk a bőrt, hogy megegyék.
Pero las cuerdas correosas y el pelo corto no constituían apenas alimento.
De a bőrszerű húrok és a rövid haj aligha voltak táplálóak.
La mayor parte de la piel era irritante y no era alimento en ningún sentido estricto.
A bőr nagy része irritáló volt, és nem igazi étel.
Y durante todo ese tiempo, Buck se tambaleaba al frente, como en una pesadilla.
És mindezek alatt Buck elöl tántorgott, mint egy rémálomban.
Tiraba cuando podía, y cuando no, se quedaba tendido hasta que un látigo o un garrote lo levantaban.
Amikor tudta, húzta; amikor nem, addig feküdt, amíg az ostor vagy a bot fel nem emelte.
Su fino y brillante pelaje había perdido toda la rigidez y brillo que alguna vez tuvo.
Finom, fényes bundája elvesztette minden merevségét és fényét, ami valaha volt.
Su cabello colgaba lacio, enmarañado y cubierto de sangre seca por los golpes.

Haja ernyedten, kócosan lógott, és az ütésektől megszáradt vértől alvadt.

Sus músculos se encogieron hasta convertirse en cuerdas y sus almohadillas de carne estaban todas desgastadas.

Izmai zsinórrá zsugorodtak, és a húspárnái mind elkoptak.

Cada costilla, cada hueso se veía claramente a través de los pliegues de la piel arrugada.

Minden borda, minden csont tisztán látszott a ráncos bőr redői között.

Fue desgarrador, pero el corazón de Buck no podía romperse.

Szívszorító volt, de Buck szíve nem tudott megtörni.

El hombre del suéter rojo lo había probado y demostrado hacía mucho tiempo.

A piros pulóveres férfi ezt már régen bebizonyította és kipróbálta.

Tal como sucedió con Buck, sucedió con el resto de sus compañeros de equipo.

Ahogy Buckkal történt, úgy volt ez az összes megmaradt csapattársával is.

Eran siete en total, cada uno de ellos un esqueleto andante de miseria.

Összesen heten voltak, mindegyik a nyomorúság élő csontváza.

Se habían vuelto insensibles a los latigazos y solo sentían un dolor distante.

Elzsibbadtak az ostorcsapásoktól, csak távoli fájdalmat éreztek.

Incluso la vista y el sonido les llegaban débilmente, como a través de una espesa niebla.

Még a látvány és a hang is halványan ért el hozzájuk, mintha sűrű ködön keresztül.

No estaban ni medio vivos: eran huesos con tenues chispas en su interior.

Nem voltak félig élők – csontok voltak, bennük halvány szikrák csillogtak.

Al detenerse, se desplomaron como cadáveres y sus chispas casi desaparecieron.
Amikor megálltak, holttestekként rogytak össze, szikráik szinte kialudtak.
Y cuando el látigo o el garrote volvían a golpear, las chispas revoloteaban débilmente.
És amikor az ostor vagy a bot újra lecsapott, a szikrák gyengén lobogtak.
Entonces se levantaron, se tambalearon hacia adelante y arrastraron sus extremidades hacia delante.
Aztán felálltak, előretántorodtak, és a végtagjaikat vonszolva maguk után indultak.
Un día el amable Billee se cayó y ya no pudo levantarse.
Egy nap a kedves Billee elesett, és már egyáltalán nem tudott felkelni.
Hal había cambiado su revólver, por lo que utilizó un hacha para matar a Billee.
Hal elcserélte a revolverét, ezért inkább egy fejszével ölte meg Billee-t.
Lo golpeó en la cabeza, luego le cortó el cuerpo y se lo llevó arrastrado.
Fejbe ütötte, majd levágta a testét és elhurcolta.
Buck vio esto, y también los demás; sabían que la muerte estaba cerca.
Buck látta ezt, és a többiek is; tudták, hogy a halál közeleg.
Al día siguiente Koona se fue, dejando sólo cinco perros en el equipo hambriento.
Másnap Koona elment, és csak öt kutyát hagyott maga után az éhező csapatban.
Joe, que ya no era malo, estaba demasiado perdido como para darse cuenta de gran cosa.
Joe, aki már nem volt gonosz, túl messzire ment ahhoz, hogy bármiről is tudomást vegyen.
Pike, que ya no fingía su lesión, estaba apenas consciente.
Pike, már nem színlelte a sérülését, alig volt eszméleténél.
Solleks, todavía fiel, lamentó no tener fuerzas para dar.
A hűséges Solleks gyászolta, hogy nincs ereje adni.

Teek fue el que más perdió porque estaba más fresco, pero su rendimiento se estaba agotando rápidamente.
Teeket azért verték meg leginkább, mert frissebb volt, de gyorsan fogyott.
Y Buck, todavía a la cabeza, ya no mantenía el orden ni lo hacía cumplir.
És Buck, aki továbbra is az élen járt, már nem tartotta fenn a rendet, és nem is érvényesítette azt.
Medio ciego por la debilidad, Buck siguió el rastro sólo por el tacto.
Buck félig vakon, gyengeségtől tátva, egyedül az érzésekre hagyatkozva követte a nyomokat.
Era un hermoso clima primaveral, pero ninguno de ellos lo notó.
Gyönyörű tavaszi idő volt, de egyikük sem vette észre.
Cada día el sol salía más temprano y se ponía más tarde que el anterior.
Minden nap korábban kelt és később nyugodott a nap, mint azelőtt.
A las tres de la mañana ya había amanecido; el crepúsculo duró hasta las nueve.
Hajnali háromra megvirradt; az alkonyat kilencig tartott.
Los largos días estuvieron llenos del resplandor del sol primaveral.
A hosszú napokat a tavaszi napsütés teljes ragyogása töltötte be.
El silencio fantasmal del invierno se había transformado en un cálido murmullo.
A tél kísérteties csendje meleg morajlássá változott.
Toda la tierra estaba despertando, viva con la alegría de los seres vivos.
Az egész föld ébredezett, az élő dolgok örömétől elevenedett.
El sonido provenía de lo que había permanecido muerto e inmóvil durante el invierno.
A hang onnan jött, ami halottan és mozdulatlanul feküdt egész télen át.

Ahora, esas cosas se movieron nuevamente, sacudiéndose el largo sueño helado.
Most azok a dolgok újra megmozdultak, lerázva magukról a hosszú, fagyos álmot.
La savia subía a través de los oscuros troncos de los pinos que esperaban.
Nedv szállt fel a várakozó fenyőfák sötét törzsei közül.
Los sauces y los álamos brotan brillantes y jóvenes brotes en cada ramita.
A fűzfák és a nyárfák minden ágon fényes fiatal rügyeket hoznak.
Los arbustos y las enredaderas se vistieron de un verde fresco a medida que el bosque cobraba vida.
A cserjék és indák friss zöldelltek, ahogy az erdő életre kelt.
Los grillos cantaban por la noche y los insectos se arrastraban bajo el sol del día.
Éjszaka tücskök ciripeltek, nappali fényben bogarak mászkáltak.
Las perdices graznaban y los pájaros carpinteros picoteaban en lo profundo de los árboles.
Foglyok dübörögtek, és harkályok kopogtak a fák mélyén.
Las ardillas parloteaban, los pájaros cantaban y los gansos graznaban al hablarles a los perros.
Mókusok csicseregtek, madarak énekeltek, és libák kürtöltek a kutyák felett.
Las aves silvestres llegaron en grupos afilados, volando desde el sur.
A vadmadarak éles ékekben repültek dél felől.
De cada ladera llegaba la música de arroyos ocultos y caudalosos.
Minden domboldalról rejtett, sebesen csobogó patakok zenéje hallatszott.
Todas las cosas se descongelaron y se rompieron, se doblaron y volvieron a ponerse en movimiento.
Minden felengedett, eltört, meggörbült, majd újra mozgásba lendült.

El Yukón se esforzó por romper las frías cadenas del hielo congelado.
A Yukon erőlködve próbálta megtörni a megfagyott jég hidegláncait.
El hielo se derritió desde abajo, mientras que el sol lo derritió desde arriba.
A jég alul elolvadt, míg felülről a nap olvasztotta.
Se abrieron agujeros de aire, se abrieron grietas y algunos trozos cayeron al río.
Szellőzőlyukak nyíltak meg, repedések terjedtek, és darabok hullottak a folyóba.
En medio de toda esta vida frenética y llameante, los viajeros se tambaleaban.
E pezsgő és lángoló élet közepette az utazók tántorogtak.
Dos hombres, una mujer y una jauría de perros esquimales caminaban como muertos.
Két férfi, egy nő és egy husky falka úgy sétálgatott, mint a halottak.
Los perros caían, Mercedes lloraba, pero seguía montando el trineo.
A kutyák hullottak, Mercedes sírt, de azért még mindig szánkózott.
Hal maldijo débilmente y Charles parpadeó con los ojos llorosos.
Hal erőtlenül káromkodott, Charles pedig könnyező szemekkel pislogott.
Se toparon con el campamento de John Thornton junto a la desembocadura del río Blanco.
Belebotlottak John Thornton táborába White River torkolatánál.
Cuando se detuvieron, los perros cayeron al suelo, como si todos hubieran muerto.
Amikor megálltak, a kutyák hanyatt estek, mintha mind meghaltak volna.
Mercedes se secó las lágrimas y miró a John Thornton.
Mercedes letörölte a könnyeit, és John Thorntonra nézett.

Charles se sentó en un tronco, lenta y rígidamente, dolorido por el camino.
Károly egy rönkön ült, lassan és mereven, sajgott az ösvénytől.
Hal habló mientras Thornton tallaba el extremo del mango de un hacha.
Hal beszélt helyette, miközben Thornton egy fejsze nyelének végét faragta.
Él tallaba madera de abedul y respondía con respuestas breves y firmes.
Nyírfát faragva rövid, határozott válaszokat adott.
Cuando se le preguntó, dio consejos, seguro de que no serían seguidos.
Amikor megkérdezték, tanácsot adott, biztos volt benne, hogy azt nem fogják betartani.
Hal explicó: "Nos dijeron que el hielo del sendero se estaba desprendiendo".
Hal elmagyarázta: „Azt mondták nekünk, hogy a jég elkezd olvadni az ösvényen."
Dijeron que nos quedáramos allí, pero llegamos a White River.
„Azt mondták, maradjunk otthon – de eljutottunk White Riverbe."
Terminó con un tono burlón, como para proclamar la victoria en medio de las dificultades.
Gúnyos hangon fejezte be, mintha a nehézségek közepette aratott győzelmet.
—Y te dijeron la verdad —respondió John Thornton a Hal en voz baja.
– És igazat mondtak neked – felelte John Thornton halkan Halnak.
"El hielo puede ceder en cualquier momento; está a punto de desprenderse".
„A jég bármikor megadhatja magát – készen áll a leválásra."
"Solo la suerte ciega y los tontos pudieron haber llegado tan lejos con vida".
„Csak a vakszerencse és a bolondok juthattak el idáig élve."

"Te lo digo directamente: no arriesgaría mi vida ni por todo el oro de Alaska".

„Őszintén megmondom, hogy Alaszka összes aranyáért sem kockáztatnám az életemet."

—Supongo que es porque no eres tonto —respondió Hal.

– Gondolom, azért, mert nem vagy bolond – felelte Hal.

—De todos modos, seguiremos hasta Dawson. —Desenrolló el látigo.

– Mindegy, megyünk tovább Dawsonba. – Kibontotta az ostorát.

—¡Sube, Buck! ¡Hola! ¡Sube! ¡Vamos! —gritó con dureza.

„Menj fel, Buck! Szia! Kelj fel! Rajta!" – kiáltotta rekedten.

Thornton siguió tallando madera, sabiendo que los tontos no escucharían razones.

Thornton tovább faragta a dolgokat, tudván, hogy a bolondok nem hallják meg az észt.

Detener a un tonto era inútil, y dos o tres tontos no cambiaban nada.

Egy bolondot megállítani hiábavaló volt – és két-három bolond semmit sem változtatott.

Pero el equipo no se movió ante la orden de Hal.

De a csapat nem mozdult Hal parancsára.

A estas alturas, sólo los golpes podían hacerlos levantarse y avanzar.

Mostanra már csak ütésekkel tudták őket felkelni és előrehúzni.

El látigo golpeó una y otra vez a los perros debilitados.

Az ostor újra meg újra csattant a legyengült kutyákon.

John Thornton apretó los labios con fuerza y observó en silencio.

John Thornton összeszorította a száját, és csendben figyelt.

Solleks fue el primero en ponerse de pie bajo el látigo.

Solleks volt az első, aki talpra állt a korbácsütés alatt.

Entonces Teek lo siguió, temblando. Joe gritó al tambalearse.

Teek remegve követte. Joe felkiáltott, ahogy felbotlott.

Pike intentó levantarse, falló dos veces y finalmente se mantuvo en pie, tambaleándose.

Pike megpróbált felállni, kétszer is kudarcot vallott, majd végül bizonytalanul állt.
Pero Buck yacía donde había caído, sin moverse en absoluto este momento.
De Buck ott feküdt, ahol elesett, és ezalatt egy pillanatig sem mozdult.
El látigo lo golpeaba una y otra vez, pero él no emitía ningún sonido.
Az ostor újra meg újra lecsapott rá, de nem adott ki hangot.
Él no se inmutó ni se resistió, simplemente permaneció quieto y en silencio.
Nem hátrált meg, nem ellenkezett, egyszerűen mozdulatlan és csendben maradt.
Thornton se movió más de una vez, como si fuera a hablar, pero no lo hizo.
Thornton többször is megmozdult, mintha beszélni akarna, de nem tette.
Sus ojos se humedecieron y el látigo siguió golpeando contra Buck.
Könnyek szöktek a szemébe, és az ostor még mindig csapkodott Buckra.
Finalmente, Thornton comenzó a caminar lentamente, sin saber qué hacer.
Thornton végül lassan járkálni kezdett, bizonytalanul, hogy mitévő legyen.
Era la primera vez que Buck fallaba y Hal se puso furioso.
Ez volt az első alkalom, hogy Buck kudarcot vallott, és Hal dühbe gurult.
Dejó el látigo y en su lugar tomó el pesado garrote.
Lehajította az ostort, és helyette a nehéz botot vette fel.
El palo de madera cayó con fuerza, pero Buck todavía no se levantó para moverse.
A fabunkó keményen lecsapódott, de Buck még mindig nem kelt fel, hogy megmozduljon.
Al igual que sus compañeros de equipo, era demasiado débil, pero más que eso.

Csapattársaihoz hasonlóan ő is túl gyenge volt – de ennél több.
Buck había decidido no moverse, sin importar lo que sucediera después.
Buck úgy döntött, hogy nem mozdul, bármi is történjék ezután.
Sintió algo oscuro y seguro flotando justo delante.
Érezte, hogy valami sötét és biztos dolog lebeg közvetlenül előtte.
Ese miedo se apoderó de él tan pronto como llegó a la orilla del río.
A félelem azonnal elfogta, amint a folyópartra ért.
La sensación no lo había abandonado desde que sintió el hielo fino bajo sus patas.
Az érzés nem múlt el belőle, mióta vékony jeget érzett a mancsai alatt.
Algo terrible lo esperaba; lo sintió más allá del camino.
Valami szörnyűség várt rá – érezte már az ösvényen.
No iba a caminar hacia esa cosa terrible que había delante.
Nem fog az előtte álló szörnyűség felé sétálni
Él no iba a obedecer ninguna orden que lo llevara a esa cosa.
Nem fog engedelmeskedni semmilyen parancsnak, ami odavitte.
El dolor de los golpes apenas lo afectaba ahora: estaba demasiado lejos.
Az ütések fájdalma már alig érintette – túl messze volt.
La chispa de la vida parpadeaba débilmente y se apagaba bajo cada golpe cruel.
Az élet szikrája halványan pislákolt, minden kegyetlen csapás alatt elhalványult.
Sus extremidades se sentían distantes; su cuerpo entero parecía pertenecer a otro.
Végtagjai távolinak tűntek; az egész teste mintha valaki másé lett volna.
Sintió un extraño entumecimiento mientras el dolor desapareció por completo.
Furcsa zsibbadást érzett, ahogy a fájdalom teljesen elmúlt.

Desde lejos, sentía que lo golpeaban, pero apenas lo sabía.
Már messziről érezte, hogy verik, de alig tudta.
Podía oír los golpes débilmente, pero ya no dolían realmente.
Halványan hallotta a puffanásokat, de már nem fájtak igazán.
Los golpes dieron en el blanco, pero su cuerpo ya no parecía el suyo.
Az ütések becsapódtak, de a teste már nem tűnt a sajátjának.
Entonces, de repente y sin previo aviso, John Thornton lanzó un grito salvaje.
Aztán hirtelen, minden előzetes figyelmeztetés nélkül, John Thornton vad kiáltást hallatott.
Era un grito inarticulado, más el grito de una bestia que el de un hombre.
Artikulálatlan volt, inkább egy állat, mint egy ember kiáltása.
Saltó hacia el hombre con el garrote y tiró a Hal hacia atrás.
Ráugrott a bottal szorongatott férfira, és hátralökte Halt.
Hal voló como si lo hubiera golpeado un árbol y aterrizó con fuerza en el suelo.
Hal úgy repült, mintha egy fa csapódott volna belé, és keményen a földre zuhant.
Mercedes gritó en pánico y se llevó las manos a la cara.
Mercedes pánikba esve hangosan felsikoltott, és az arcához kapott.
Charles se limitó a mirar, se secó los ojos y permaneció sentado.
Károly csak nézte, megtörölte a szemét, és ülve maradt.
Su cuerpo estaba demasiado rígido por el dolor para levantarse o ayudar en la pelea.
A teste túl merev volt a fájdalomtól ahhoz, hogy felálljon vagy segítsen a harcban.
Thornton se quedó de pie junto a Buck, temblando de furia, incapaz de hablar.
Thornton Buck felett állt, dühösen remegett, és képtelen volt megszólalni.
Se estremeció de rabia y luchó por encontrar su voz a través de ella.

Dühösen remegett, és küzdött, hogy megtalálja a hangját a dühöngésen keresztül.
—**Si vuelves a golpear a ese perro, te mataré** —**dijo finalmente.**
– Ha még egyszer megütöd azt a kutyát, megöllek – mondta végül.
Hal se limpió la sangre de la boca y volvió a avanzar.
Hal letörölte a vért a szájáról, és ismét előrelépett.
—**Es mi perro** —**murmuró**—. **¡Quítate del medio o te curaré!**
– A kutyám az – motyogta. – Menj az útból, különben elintézem!
"**Voy a Dawson y no me lo vas a impedir**", **añadió.**
„Dawsonba megyek, és te nem fogsz megállítani" – tette hozzá.
Thornton se mantuvo firme entre Buck y el joven enojado.
Thornton szilárdan állt Buck és a dühös fiatalember között.
No tenía intención de hacerse a un lado o dejar pasar a Hal.
Esze ágában sem volt félreállni, vagy Halt elengedni.
Hal sacó su cuchillo de caza, largo y peligroso en la mano.
Hal előhúzta a kezében hosszú és veszélyes vadászkését.
Mercedes gritó, luego lloró y luego rió con una histeria salvaje.
Mercedes sikított, majd sírt, végül vad hisztérikus nevetésben tört ki.
Thornton golpeó la mano de Hal con el mango de su hacha, fuerte y rápido.
Thornton fejszéje nyelével erősen és gyorsan Hal kezére csapott.
El cuchillo se soltó del agarre de Hal y voló al suelo.
A kés kiesett Hal markából, és a földre repült.
Hal intentó recoger el cuchillo y Thornton volvió a golpearle los nudillos.
Hal megpróbálta felvenni a kést, de Thornton ismét rácsapott az ujjperceire.
Entonces Thornton se agachó, agarró el cuchillo y lo sostuvo.
Aztán Thornton lehajolt, megragadta a kést, és a kezében tartotta.

Con dos rápidos golpes del mango del hacha, cortó las riendas de Buck.

Két gyors csapással elvágta Buck gyeplőjét a fejsze nyelével.

Hal ya no tenía fuerzas para luchar y se apartó del perro.

Halnak már nem volt harci kedve, és hátralépett a kutya elől.

Además, Mercedes necesitaba ahora ambos brazos para mantenerse erguida.

Különben is, Mercedesnek most már mindkét karjára szüksége volt, hogy egyenesen maradjon.

Buck estaba demasiado cerca de la muerte como para volver a ser útil para tirar de un trineo.

Buck túl közel volt a halálhoz ahhoz, hogy újra hasznos legyen szánhúzásra.

Unos minutos después, se marcharon y se dirigieron río abajo.

Néhány perccel később kifutottak, és lefelé indultak a folyón.

Buck levantó la cabeza débilmente y los observó mientras salían del banco.

Buck gyengén felemelte a fejét, és nézte, ahogy elhagyják a bankot.

Pike lideró el equipo, con Solleks en la parte trasera, al volante.

Pike vezette a csapatot, Solleks pedig hátul a keréken.

Joe y Teek caminaron entre ellos, ambos cojeando por el cansancio.

Joe és Teek közöttük sétáltak, mindketten kimerülten sántikáltak.

Mercedes se sentó en el trineo y Hal agarró el largo palo.

Mercedes a szánkón ült, Hal pedig a hosszú gearbotet szorongatta.

Charles se tambaleó detrás, sus pasos torpes e inseguros.

Károly botladozva hátulról lépett, léptei esetlenek és bizonytalanok voltak.

Thornton se arrodilló junto a Buck y buscó con delicadeza los huesos rotos.

Thornton letérdelt Buck mellé, és gyengéden kitapogatta, hogy nincs-e eltört csontja.

Sus manos eran ásperas pero se movían con amabilidad y cuidado.
A kezei érdesek voltak, de kedvesen és gondosan mozogtak.
El cuerpo de Buck estaba magullado pero no mostraba lesiones duraderas.
Buck teste zúzódásokkal volt tele, de maradandó sérülés nem látszott rajta.
Lo que quedó fue un hambre terrible y una debilidad casi total.
Ami maradt, az a szörnyű éhség és a szinte teljes gyengeség volt.
Cuando esto quedó claro, el trineo ya había avanzado mucho río abajo.
Mire ez kitisztult, a szán már messzire lejjebb ment a folyón.
El hombre y el perro observaron cómo el trineo se deslizaba lentamente sobre el hielo agrietado.
Férfi és kutya nézték, ahogy a szán lassan kúszik a repedező jégen.
Luego vieron que el trineo se hundía en un hueco.
Aztán látták, hogy a szánkó belesüllyed egy mélyedésbe.
El mástil voló hacia arriba, con Hal todavía aferrándose a él en vano.
A gearbota felrepült, Hal pedig hiába kapaszkodott bele.
El grito de Mercedes les llegó a través de la fría distancia.
Mercedes sikolyát a hideg messzeségen át hallhatták.
Charles se giró y dio un paso atrás, pero ya era demasiado tarde.
Károly megfordult és hátralépett – de már túl késő volt.
Una capa de hielo entera cedió y todos ellos cayeron al suelo.
Egy egész jégtakaró leomlott, és mindannyian átestek rajta.
Los perros, los trineos y las personas desaparecieron en el agua negra que había debajo.
Kutyák, szánkók és emberek tűntek el a lenti fekete vízben.
En el hielo por donde habían pasado sólo quedaba un amplio agujero.
Csak egy széles lyuk maradt a jégben ott, ahol elhaladtak.

El sendero se había hundido por completo, tal como Thornton había advertido.
Az ösvény alja leszakadt – pontosan ahogy Thornton figyelmeztette.
Thornton y Buck se miraron el uno al otro y guardaron silencio por un momento.
Thornton és Buck egymásra néztek, egy pillanatig hallgattak.
—Pobre diablo —dijo Thornton suavemente, y Buck le lamió la mano.
– Szegény ördög! – mondta Thornton halkan, mire Buck megnyalta a kezét.

Por el amor de un hombre
Egy férfi szerelmére

John Thornton se congeló los pies en el frío del diciembre anterior.
John Thorntonnak megfagyott a lába az előző decemberi hidegben.
Sus compañeros lo hicieron sentir cómodo y lo dejaron recuperarse solo.
Partnerei kényelembe helyezték, és magára hagyták a felépülést.
Subieron al río para recoger una balsa de troncos para aserrar para Dawson.
Felmentek a folyón, hogy fűrészrönköt gyűjtsenek Dawsonnak.
Todavía cojeaba ligeramente cuando rescató a Buck de la muerte.
Még enyhén sántított, amikor megmentette Buckot a haláltól.
Pero como el clima cálido continuó, incluso esa cojera desapareció.
De a meleg idő folytatódásával még ez a sántítás is eltűnt.
Durante los largos días de primavera, Buck descansaba a orillas del río.
Buck a hosszú tavaszi napokon a folyóparton fekve pihent.
Observó el agua fluir y escuchó a los pájaros y a los insectos.
Nézte a folyó vizet, és hallgatta a madarakat és rovarokat.
Lentamente, Buck recuperó su fuerza bajo el sol y el cielo.
Buck lassan visszanyerte erejét a nap és az ég alatt.
Un descanso fue maravilloso después de viajar tres mil millas.
Csodálatosan éreztem magam pihenve háromezer mérföldes utazás után.
Buck se volvió perezoso a medida que sus heridas sanaban y su cuerpo se llenaba.
Buck ellustult, ahogy a sebei begyógyultak és a teste kiteljesedett.

Sus músculos se reafirmaron y la carne volvió a cubrir sus huesos.
Izmai megfeszültek, és hús borította vissza csontjait.
Todos estaban descansando: Buck, Thornton, Skeet y Nig.
Mindannyian pihentek – Buck, Thornton, Skeet és Nig.
Esperaron la balsa que los llevaría a Dawson.
Várták a tutajt, amivel levitték őket Dawsonba.
Skeet era un pequeño setter irlandés que se hizo amigo de Buck.
Skeet egy kis ír szetter volt, aki összebarátkozott Buckkal.
Buck estaba demasiado débil y enfermo para resistirse a ella en su primer encuentro.
Buck túl gyenge és beteg volt ahhoz, hogy ellenálljon neki az első találkozásukkor.
Skeet tenía el rasgo de sanador que algunos perros poseen naturalmente.
Skeetnek megvolt az a gyógyító tulajdonsága, ami egyes kutyákban természetes módon megvan.
Como una gata madre, lamió y limpió las heridas abiertas de Buck.
Mint egy anyamacska, nyalogatta és tisztogatta Buck sebeit.
Todas las mañanas, después del desayuno, repetía su minucioso trabajo.
Reggeli után minden reggel megismételte gondos munkáját.
Buck llegó a esperar su ayuda tanto como la de Thornton.
Buck ugyanúgy számított a segítségére, mint Thorntonéra.
Nig también era amigable, pero menos abierto y menos cariñoso.
Nig is barátságos volt, de kevésbé nyitott és kevésbé szeretetteljes.
Nig era un perro grande y negro, mitad sabueso y mitad lebrel.
Nig egy nagy fekete kutya volt, részben véreb, részben szarvaseb.
Tenía ojos sonrientes y un espíritu bondadoso sin límites.
Nevető szemek és végtelen jó természet lakozott a lelkében.

Para sorpresa de Buck, ninguno de los perros mostró celos hacia él.
Buck meglepetésére egyik kutya sem mutatott féltékenységet iránta.
Tanto Skeet como Nig compartieron la amabilidad de John Thornton.
Skeet és Nig is osztoztak John Thornton kedvességében.
A medida que Buck se hacía más fuerte, lo atrajeron hacia juegos de perros tontos.
Ahogy Buck egyre erősebb lett, bolondos kutyajátékokba csábították.
Thornton también jugaba a menudo con ellos, incapaz de resistirse a su alegría.
Thornton is gyakran játszott velük, képtelen volt ellenállni az örömüknek.
De esta manera lúdica, Buck pasó de la enfermedad a una nueva vida.
Ezzel a játékos módon Buck a betegségből egy új életbe lépett.
El amor, el amor verdadero, ardiente y apasionado, finalmente era suyo.
A szerelem – az igaz, lángoló és szenvedélyes szerelem – végre az övé volt.
Nunca había conocido ese tipo de amor en la finca de Miller.
Soha nem ismert ilyen szeretetet Miller birtokán.
Con los hijos del Juez había compartido trabajo y aventuras.
A Bíró fiaival közös munkát és kalandot élt át.
En los nietos vio un orgullo rígido y jactancioso.
Az unokáknál merev és kérkedő büszkeséget látott.
Con el propio juez Miller mantuvo una amistad respetuosa.
Magával Miller bíróval tiszteletteljes barátságot ápolt.
Pero el amor que era fuego, locura y adoración llegó con Thornton.
De a szerelem, ami tűz, őrület és imádat volt, Thorntonnal érkezett.
Este hombre había salvado la vida de Buck, y eso solo significaba mucho.

Ez az ember megmentette Buck életét, és már önmagában ez is sokat jelentett.
Pero más que eso, John Thornton era el tipo de maestro ideal.
De mi több, John Thornton volt az ideális fajta mester.
Otros hombres cuidaban perros por obligación o necesidad laboral.
Más férfiak kötelességből vagy üzleti szükségszerűségből gondoskodtak kutyákról.
John Thornton cuidaba a sus perros como si fueran sus hijos.
John Thornton úgy gondoskodott a kutyáiról, mintha a gyermekei lennének.
Él se preocupaba por ellos porque los amaba y simplemente no podía evitarlo.
Törődött velük, mert szerette őket, és egyszerűen nem tehetett mást.
John Thornton vio incluso más lejos de lo que la mayoría de los hombres lograron ver.
John Thornton még messzebbre látott, mint a legtöbb férfi valaha is képes volt látni.
Nunca se olvidó de saludarlos amablemente o decirles alguna palabra de aliento.
Soha nem felejtette el kedvesen üdvözölni őket, vagy egy bátorító szót szólni.
Le encantaba sentarse con los perros para tener largas charlas, o "gases", como él decía.
Imádott leülni a kutyákkal hosszas beszélgetésekre, vagy ahogy ő mondta, „gázoskodni".
Le gustaba agarrar bruscamente la cabeza de Buck entre sus fuertes manos.
Szerette durván megragadni Buck fejét erős kezei között.
Luego apoyó su cabeza contra la de Buck y lo sacudió suavemente.
Aztán a fejét Buckéhoz hajtotta, és gyengéden megrázta.
Mientras tanto, él llamaba a Buck con nombres groseros que significaban amor para Buck.

Mindeközben durva szavakkal illette Buckot, amik a szerelmet jelentették számára.
Para Buck, ese fuerte abrazo y esas palabras le trajeron una profunda alegría.
Buck számára az a durva ölelés és azok a szavak mély örömet okoztak.
Su corazón parecía latir con fuerza de felicidad con cada movimiento.
A szíve minden mozdulatnál felszabadultan remegett a boldogságtól.
Cuando se levantó de un salto, su boca parecía como si se estuviera riendo.
Amikor utána felugrott, úgy nézett ki a szája, mintha nevetett volna.
Sus ojos brillaban intensamente y su garganta temblaba con una alegría tácita.
Szeme ragyogott, torka pedig remegett a kimondatlan örömtől.
Su sonrisa se detuvo en ese estado de emoción y afecto resplandeciente.
Mosolya mozdulatlanná dermedt az érzelmek és a ragyogó szeretet közepette.
Entonces Thornton exclamó pensativo: "¡Dios! ¡Casi puede hablar!"
Thornton ekkor elgondolkodva felkiáltott: „Istenem! Majdnem tud beszélni!"
Buck tenía una extraña forma de expresar amor que casi causaba dolor.
Bucknak furcsa, szinte fájdalmat okozó módja volt a szeretet kifejezésére.
A menudo apretaba muy fuerte la mano de Thornton entre los dientes.
Gyakran nagyon erősen szorította Thornton kezét a fogai közé.
La mordedura iba a dejar marcas profundas que permanecerían durante algún tiempo.

A harapás mély nyomokat hagyott, amelyek egy ideig megmaradtak.

Buck creía que esos juramentos eran de amor y Thornton lo sabía también.
Buck hitte, hogy ezek az eskük a szerelem jelei, és Thornton is tudta ezt.

La mayoría de las veces, el amor de Buck se demostraba en una adoración silenciosa, casi silenciosa.
Buck szerelme leggyakrabban csendes, szinte néma imádatban nyilvánult meg.

Aunque se emocionaba cuando lo tocaban o le hablaban, no buscaba atención.
Bár izgatott volt, ha megérintették vagy beszéltek hozzá, nem kereste a figyelmet.

Skeet empujó su nariz bajo la mano de Thornton hasta que él la acarició.
Skeet addig bökte az orrát Thornton keze alá, amíg az meg nem simogatta.

Nig se acercó en silencio y apoyó su gran cabeza en la rodilla de Thornton.
Nig csendesen odalépett, és nagy fejét Thornton térdére hajtotta.

Buck, por el contrario, se conformaba con amar desde una distancia respetuosa.
Buck ezzel szemben megelégedett azzal, hogy tiszteletteljes távolságból szeressen.

Durante horas permaneció tendido a los pies de Thornton, alerta y observando atentamente.
Órákon át feküdt Thornton lábánál, éber és feszült figyelő tekintettel.

Buck estudió cada detalle del rostro de su amo y su más mínimo movimiento.
Buck gazdája arcának minden részletét, a legkisebb mozdulatát is alaposan szemügyre vette.

O yacía más lejos, estudiando la figura del hombre en silencio.
Vagy távolabb feküdt, csendben tanulmányozva a férfi alakját.

Buck observó cada pequeño movimiento, cada cambio de postura o gesto.
Buck minden apró mozdulatot, minden testtartás- vagy gesztusváltást figyelt.
Tan poderosa era esta conexión que a menudo atraía la mirada de Thornton.
Olyan erős volt ez a kapcsolat, hogy gyakran magára vonta Thornton tekintetét.
Sostuvo la mirada de Buck sin palabras, pero el amor brillaba claramente a través de ella.
Szótlanul nézett Buck szemébe, a szerelem tisztán ragyogott benne.
Durante mucho tiempo después de ser salvado, Buck nunca perdió de vista a Thornton.
Miután megmentették, Buck sokáig nem tévesztette szem elől Thorntont.
Cada vez que Thornton salía de la tienda, Buck lo seguía de cerca afuera.
Valahányszor Thornton elhagyta a sátrat, Buck szorosan követte kifelé.
Todos los amos severos de las Tierras del Norte habían hecho que Buck tuviera miedo de confiar.
Észak minden kemény ura miatt Buck félt bízni bennük.
Temía que ningún hombre pudiera seguir siendo su amo durante más de un corto tiempo.
Attól félt, hogy senki sem maradhat az ura egy rövid időnél tovább.
Temía que John Thornton desapareciera como Perrault y François.
Attól félt, hogy John Thornton úgy fog eltűnni, mint Perrault és François.
Incluso por la noche, el miedo a perderlo acechaba el sueño inquieto de Buck.
Még éjszaka is kísértette Buck nyugtalan álmát az elvesztésétől való félelem.
Cuando Buck se despertó, salió a escondidas al frío y fue a la tienda de campaña.

Amikor Buck felébredt, kimászott a hidegbe, és elment a sátorhoz.
Escuchó atentamente el suave sonido de la respiración en su interior.
Figyelmesen hallgatózott, hallja-e belülről a halk légzést.
A pesar del profundo amor de Buck por John Thornton, lo salvaje siguió vivo.
Buck John Thornton iránti mély szeretete ellenére a vadon életben maradt.
Ese instinto primitivo, despertado en el Norte, no desapareció.
Az északon felébredt primitív ösztön nem tűnt el.
El amor trajo devoción, lealtad y el cálido vínculo del fuego.
A szerelem odaadást, hűséget és a tűz melletti meleg köteléket hozott magával.
Pero Buck también mantuvo sus instintos salvajes, agudos y siempre alerta.
De Buck megőrizte vad ösztöneit is, melyek élesek és örökké éberek voltak.
No era sólo una mascota domesticada de las suaves tierras de la civilización.
Nem csupán egy megszelídített háziállat volt a civilizáció puha földjeiről.
Buck era un ser salvaje que había venido a sentarse junto al fuego de Thornton.
Buck vad teremtmény volt, aki Thornton tüzéhez jött leülni.
Parecía un perro del Sur, pero en su interior vivía lo salvaje.
Úgy nézett ki, mint egy délvidéki kutya, de vadság lakozott benne.
Su amor por Thornton era demasiado grande como para permitirle robarle algo.
Túl nagy volt a szerelme Thornton iránt ahhoz, hogy megengedje magának a lopást.
Pero en cualquier otro campamento, robaría con valentía y sin pausa.
De bármely más táborban bátran és szünet nélkül lopott volna.
Era tan astuto al robar que nadie podía atraparlo ni acusarlo.

Olyan ravasz volt a lopásban, hogy senki sem tudta elkapni vagy megvádolni.
Su rostro y su cuerpo estaban cubiertos de cicatrices de muchas peleas pasadas.
Arcát és testét számos korábbi harc hegei borították.
Buck seguía luchando con fiereza, pero ahora luchaba con más astucia.
Buck továbbra is hevesen küzdött, de most már ravaszabb módon.
Skeet y Nig eran demasiado amables para pelear, y eran de Thornton.
Skeet és Nig túl gyengédek voltak ahhoz, hogy harcoljanak, és ők Thorntonéi voltak.
Pero cualquier perro extraño, por fuerte o valiente que fuese, cedía.
De minden idegen kutya, bármilyen erős vagy bátor is, megadta magát.
De lo contrario, el perro se encontraría luchando contra Buck; luchando por su vida.
Különben a kutya Buckkal küzdött; az életéért küzdött.
Buck no tuvo piedad una vez que decidió pelear contra otro perro.
Buck nem volt irgalmas, miután úgy döntött, hogy egy másik kutyával harcol.
Había aprendido bien la ley del garrote y el colmillo en las Tierras del Norte.
Jól elsajátította az északi fánk és agyar szabályát.
Él nunca renunció a una ventaja y nunca se retractó de la batalla.
Soha nem adott fel előnyt, és soha nem hátrált meg a csatában.
Había estudiado a los Spitz y a los perros más feroces del correo y de la policía.
Tanulmányozta a spitzeket és a legvadabb posta- és rendőrkutyákat.
Sabía claramente que no había término medio en un combate salvaje.
Világosan tudta, hogy a vad harcban nincs középút.

Él debía gobernar o ser gobernado; mostrar misericordia significaba mostrar debilidad.
Uralkodnia kellett, vagy őt uralták; az irgalom kimutatása gyengeséget jelentett.
Mercy era una desconocida en el crudo y brutal mundo de la supervivencia.
A kegyelem ismeretlen volt a túlélés nyers és brutális világában.
Mostrar misericordia era visto como miedo, y el miedo conducía rápidamente a la muerte.
Az irgalmasság kimutatása félelemnek számított, a félelem pedig gyorsan halálhoz vezetett.
La antigua ley era simple: matar o ser asesinado, comer o ser comido.
A régi törvény egyszerű volt: ölj vagy megölnek, egyél vagy megesznek.
Esa ley vino desde las profundidades del tiempo, y Buck la siguió plenamente.
Ez a törvény az idők mélyéről származik, és Buck teljes mértékben követte.
Buck era mayor que su edad y el número de respiraciones que tomaba.
Buck idősebb volt a koránál és a lélegzetvételek számánál.
Conectó claramente el pasado antiguo con el momento presente.
Világosan összekapcsolta a régmúlt időket a jelennel.
Los ritmos profundos de las épocas lo atravesaban como mareas.
A korok mély ritmusai úgy kavarogtak benne, mint az árapály.
El tiempo latía en su sangre con la misma seguridad con la que las estaciones movían la tierra.
Az idő olyan biztosan lüktetett a vérében, mint ahogy az évszakok mozgatták a földet.
Se sentó junto al fuego de Thornton, con el pecho fuerte y los colmillos blancos.
Thornton tüzénél ült, erős mellkassal és fehér agyarral.

Su largo pelaje ondeaba, pero detrás de él los espíritus de los perros salvajes observaban.
Hosszú bundája lengedezett, de mögötte vadkutyák szellemei figyelték.
Lobos medio y lobos completos se agitaron dentro de su corazón y sus sentidos.
Fél farkasok és teli farkasok kavarogtak a szívében és az érzékeiben.
Probaron su carne y bebieron la misma agua que él.
Megkóstolták a húsát, és ugyanabból a vízből ittak, mint ő.
Olfatearon el viento junto a él y escucharon el bosque.
Mellette szimatolták a szelet, és hallgatták az erdőt.
Susurraron los significados de los sonidos salvajes en la oscuridad.
A vad hangok jelentését suttogták a sötétben.
Ellos moldearon sus estados de ánimo y guiaron cada una de sus reacciones tranquilas.
Formálták a hangulatait és irányították minden csendes reakcióját.
Se quedaron con él mientras dormía y se convirtieron en parte de sus sueños más profundos.
Vele feküdtek, miközben aludt, és mély álmainak részévé váltak.
Soñaron con él, más allá de él, y constituyeron su propio espíritu.
Vele álmodtak, rajta túl, és alkották meg a lelkét.
Los espíritus de la naturaleza llamaron con tanta fuerza que Buck se sintió atraído.
A vadon szellemei olyan erősen szóltak, hogy Buck úgy érezte, vonszolják.
Cada día, la humanidad y sus reivindicaciones se debilitaban más en el corazón de Buck.
Az emberiség és annak igényei napról napra gyengültek Buck szívében.
En lo profundo del bosque, un llamado extraño y emocionante estaba por surgir.

Mélyen az erdőben egy furcsa és izgalmas hívás fog felhangzani.
Cada vez que escuchaba el llamado, Buck sentía un impulso que no podía resistir.
Valahányszor meghallotta a hívást, Buck egy ellenállhatatlan késztetést érzett.
Él iba a alejarse del fuego y de los caminos humanos trillados.
Elfordult a tűztől és a kitaposott emberi ösvényektől.
Iba a adentrarse en el bosque, avanzando sin saber por qué.
Be akart vetődni az erdőbe, előrement anélkül, hogy tudta volna, miért.
Él no cuestionó esta atracción porque el llamado era profundo y poderoso.
Nem kérdőjelezte meg ezt a vonzást, mert a hívás mély és erőteljes volt.
A menudo, alcanzaba la sombra verde y la tierra suave e intacta.
Gyakran elérte a zöld árnyékot és a puha, érintetlen földet
Pero entonces el fuerte amor por John Thornton lo atrajo de nuevo al fuego.
De aztán a John Thornton iránti erős szerelem visszarántotta a tűzhöz.
Sólo John Thornton realmente pudo sostener en sus manos el corazón salvaje de Buck.
Csak John Thornton tartotta igazán a markában Buck vad szívét.
El resto de la humanidad no tenía ningún valor o significado duradero para Buck.
Az emberiség többi részének nem volt maradandó értéke vagy jelentése Buck számára.
Los extraños podrían elogiarlo o acariciar su pelaje con manos amistosas.
Az idegenek dicsérhetik, vagy barátságosan simogathatják a bundáját.
Buck permaneció impasible y se alejó por demasiado afecto.
Buck mozdulatlan maradt, és elsétált a túl sok szeretettől.

Hans y Pete llegaron con la balsa que habían esperado durante tanto tiempo.
Hans és Pete megérkeztek a régóta várt tutajjal
Buck los ignoró hasta que supo que estaban cerca de Thornton.
Buck nem törődött velük, amíg meg nem tudta, hogy Thornton közelében vannak.
Después de eso, los toleró, pero nunca les mostró total calidez.
Ezután tolerálta őket, de soha nem mutatott teljes melegséget irántuk.
Él aceptaba comida o gentileza de ellos como si les estuviera haciendo un favor.
Úgy fogadott el tőlük ételt vagy kedvességet, mintha szívességet tenne nekik.
Eran como Thornton: sencillos, honestos y claros en sus pensamientos.
Olyanok voltak, mint Thornton – egyszerűek, őszinték és világosan gondolkodtak.
Todos juntos viajaron al aserradero de Dawson y al gran remolino.
Mindannyian együtt utaztak Dawson fűrészmalmához és a nagy örvényhez
En su viaje aprendieron a comprender profundamente la naturaleza de Buck.
Útjuk során mélyen megértették Buck természetét.
No intentaron acercarse como lo habían hecho Skeet y Nig.
Nem próbáltak meg közeledni egymáshoz, ahogy Skeet és Nig tették.
Pero el amor de Buck por John Thornton solo se profundizó con el tiempo.
De Buck John Thornton iránti szeretete az idő múlásával csak mélyült.
Sólo Thornton podía colocar una mochila en la espalda de Buck en el verano.
Csak Thornton tudott hátizsákot tenni Buck hátára nyáron.

Cualquiera que fuera lo que Thornton ordenaba, Buck estaba dispuesto a hacerlo a cabalidad.
Amit Thornton parancsolt, Buck hajlandó volt maradéktalanul teljesíteni.
Un día, después de que dejaron Dawson hacia las cabeceras del río Tanana,
Egy nap, miután elhagyták Dawsont a Tanana forrásvidéke felé,
El grupo se sentó en un acantilado que caía un metro hasta el lecho rocoso desnudo.
A csoport egy sziklán ült, amely egy méterrel a csupasz alapkőzetig ért.
John Thornton se sentó cerca del borde y Buck descansó a su lado.
John Thornton a szélén ült, Buck pedig mellette pihent.
Thornton tuvo una idea repentina y llamó la atención de los hombres.
Thorntonnak hirtelen ötlete támadt, és felhívta a férfiak figyelmét.
Señaló hacia el otro lado del abismo y le dio a Buck una única orden.
Átmutatott a szakadékon, és egyetlen parancsot adott Bucknak.
—¡Salta, Buck! —dijo, extendiendo el brazo por encima del precipicio.
„Ugorj, Buck!" – mondta, és kinyújtotta a karját a szakadék fölé.
En un momento, tuvo que agarrar a Buck, quien estaba saltando para obedecer.
Egy pillanat múlva el kellett kapnia Buckot, aki ugrott, hogy engedelmeskedjen.
Hans y Pete corrieron hacia adelante y los pusieron a ambos a salvo.
Hans és Pete előrerohantak, és mindkettőjüket biztonságba húzták.
Cuando todo terminó y recuperaron el aliento, Pete habló.

Miután minden véget ért, és kapkodták a levegőt, Pete megszólalt.
"El amor es extraño", dijo, conmocionado por la feroz devoción del perro.
– Kísérteties ez a szerelem – mondta, megrendítve a kutya heves odaadásától.
Thornton meneó la cabeza y respondió con seriedad y calma.
Thornton megrázta a fejét, és nyugodt komolysággal válaszolt.
"No, el amor es espléndido", dijo, "pero también terrible".
– Nem, a szerelem csodálatos – mondta –, de szörnyű is.
"A veces, debo admitirlo, este tipo de amor me da miedo".
„Be kell vallanom, hogy néha félelemmel tölt el az ilyen szerelem."
Pete asintió y dijo: "Odiaría ser el hombre que te toque".
Pete bólintott, és azt mondta: „Nem szeretnék én lenni az az ember, aki hozzád ér."
Miró a Buck mientras hablaba, serio y lleno de respeto.
Miközben beszélt, komolyan és tisztelettelljesen nézett Buckra.
—¡Py Jingo! —dijo Hans rápidamente—. Yo tampoco, señor.
– Py Jingo! – mondta Hans gyorsan. – Én sem, uram.

Antes de que terminara el año, los temores de Pete se hicieron realidad en Circle City.
Még az év vége előtt Pete félelmei beigazolódtak Circle Cityben.
Un hombre cruel llamado Black Burton provocó una pelea en el bar.
Egy Black Burton nevű kegyetlen férfi verekedést szított a bárban.
Estaba enojado y malicioso, arremetiendo contra un nuevo novato.
Dühös és rosszindulatú volt, és egy új zsenge lábúnak rontott.
John Thornton entró en escena, tranquilo y afable como siempre.
John Thornton lépett közbe, nyugodtan és jóindulatúan, mint mindig.

Buck yacía en un rincón, con la cabeza gacha, observando a Thornton de cerca.
Buck egy sarokban feküdt, lehajtott fejjel, és Thorntont figyelte.
Burton atacó de repente, y su puñetazo hizo que Thornton girara.
Burton hirtelen lecsapott, az ütése megpörgette Thorntont.
Sólo la barandilla de la barra evitó que se estrellara con fuerza contra el suelo.
Csak a korlát korlátja akadályozta meg, hogy a földre zuhanjon.
Los observadores oyeron un sonido que no era un ladrido ni un aullido.
A megfigyelők egy hangot hallottak, ami nem ugatás vagy vonyítás volt
Un rugido profundo salió de Buck mientras se lanzaba hacia el hombre.
Mély ordítás hallatszott Buckból, miközben a férfi felé indult.
Burton levantó el brazo y apenas salvó su vida.
Burton felemelte a karját, és alig mentette meg az életét.
Buck se estrelló contra él y lo tiró al suelo.
Buck nekiütközött, és a férfi a földre zuhant.
Buck mordió profundamente el brazo del hombre y luego se abalanzó sobre su garganta.
Buck mélyen beleharapott a férfi karjába, majd a torkára vetette magát.
Burton sólo pudo bloquearlo parcialmente y su cuello quedó destrozado.
Burton csak részben tudott blokkolni, és a nyaka szétszakadt.
Los hombres se apresuraron a entrar, con los garrotes en alto, y apartaron a Buck del hombre sangrante.
Férfiak rohantak be, felemelt buzogányokkal, és leterítették Buckot a vérző férfiról.
Un cirujano trabajó rápidamente para detener la fuga de sangre.
Egy sebész gyorsan dolgozott, hogy elállítsa a vérzést.

Buck caminaba de un lado a otro y gruñía, intentando atacar una y otra vez.
Buck fel-alá járkált és morgott, újra meg újra támadni próbálva.
Sólo los golpes con los palos le impidieron llegar hasta Burton.
Csak a lendítő botok tartották vissza attól, hogy elérje Burtont.
Allí mismo se convocó y celebró una asamblea de mineros.
Bányászgyűlést hívtak össze és tartottak meg ott helyben.
Estuvieron de acuerdo en que Buck había sido provocado y votaron por liberarlo.
Egyetértettek abban, hogy Buckot provokálták, és megszavazták szabadon bocsátását.
Pero el feroz nombre de Buck ahora resonaba en todos los campamentos de Alaska.
De Buck vad neve mostanra Alaszka minden táborában visszhangzott.
Más tarde ese otoño, Buck salvó a Thornton nuevamente de una nueva manera.
Később, azon az őszön, Buck új módon mentette meg Thorntont.
Los tres hombres guiaban un bote largo por rápidos agitados.
A három férfi egy hosszú csónakot irányított lefelé a zuhatagokon.
Thornton tripulaba el bote, gritando instrucciones para llegar a la costa.
Thornton a csónakot kormányozta, és a partvonal felé kiabált.
Hans y Pete corrieron por la tierra, sosteniendo una cuerda de árbol a árbol.
Hans és Pete a szárazföldön futottak, egy kötelet tartva fától fáig.
Buck seguía el ritmo en la orilla, siempre observando a su amo.
Buck lépést tartott a parton, mindig a gazdáját figyelve.
En un lugar desagradable, las rocas sobresalían bajo el agua rápida.

Egyik kellemetlen helyen sziklák álltak ki a sebes víz alól.
Hans soltó la cuerda y Thornton dirigió el bote hacia otro lado.
Hans elengedte a kötelet, Thornton pedig szélesre kormányozta a csónakot.
Hans corrió para alcanzar el barco nuevamente más allá de las rocas peligrosas.
Hans rohanva próbálta utolérni a csónakot a veszélyes sziklák között.
El barco superó la cornisa pero se topó con una parte más fuerte de la corriente.
A hajó átjutott a sziklaperemen, de az áramlat egy erősebb szakaszába ütközött.
Hans agarró la cuerda demasiado rápido y desequilibró el barco.
Hans túl gyorsan megragadta a kötelet, és kibillentette az egyensúlyából a csónakot.
El barco se volcó y se estrelló contra la orilla, boca abajo.
A csónak felborult, és alulról felfelé a partnak csapódott.
Thornton fue arrojado y arrastrado hacia la parte más salvaje del agua.
Thorntont kidobták, és a víz legvadabb részébe sodorták.
Ningún nadador habría podido sobrevivir en esas aguas turbulentas y mortales.
Egyetlen úszó sem élhette volna túl azokban a halálos, száguldó vizekben.
Buck saltó instantáneamente y persiguió a su amo río abajo.
Buck azonnal közbelépett, és üldözőbe vette gazdáját a folyó mentén.
Después de trescientos metros, llegó por fin a Thornton.
Háromszáz yard után végre elérte Thorntont.
Thornton agarró la cola de Buck y Buck se giró hacia la orilla.
Thornton megragadta Buck farkát, és Buck a part felé fordult.
Nadó con todas sus fuerzas, luchando contra el arrastre salvaje del agua.
Teljes erőből úszott, küzdve a víz vad sodrásával.

Se movieron río abajo más rápido de lo que podían llegar a la orilla.
Gyorsabban haladtak lefelé a folyón, mint ahogy elérték a partot.
Más adelante, el río rugía cada vez más fuerte mientras caía en rápidos mortales.
Előttük a folyó hangosabban zúgott, ahogy halálos zuhatagokba zuhant.
Las rocas cortaban el agua como los dientes de un peine enorme.
A sziklák úgy hasítottak a vízbe, mint egy hatalmas fésű fogai.
La atracción del agua cerca de la caída era salvaje e ineludible.
A csepp közelében lévő víz vonzása vad és elkerülhetetlen volt.
Thornton sabía que nunca podrían llegar a la costa a tiempo.
Thornton tudta, hogy soha nem érhetnek partra időben.
Raspó una roca, se estrelló contra otra,
Átsúrolt egy sziklát, áttört egy másikon,
Y entonces se estrelló contra una tercera roca, agarrándola con ambas manos.
Aztán egy harmadik sziklának csapódott, és mindkét kezével megragadta.
Soltó a Buck y gritó por encima del rugido: "¡Vamos, Buck! ¡Vamos!".
Elengedte Buckot, és túlkiabálta a bömbölést: „Rajt, Buck! Rajt!"
Buck no pudo mantenerse a flote y fue arrastrado por la corriente.
Buck nem tudott a felszínen maradni, és az áramlat elsodorta.
Luchó con todas sus fuerzas, intentando girar, pero no consiguió ningún progreso.
Keményen küzdött, küszködött a megfordulással, de sehogy sem jutott előre.
Entonces escuchó a Thornton repetir la orden por encima del rugido del río.

Aztán hallotta, ahogy Thornton megismétli a parancsot a folyó morajlása felett.
Buck salió del agua y levantó la cabeza como para echar una última mirada.
Buck kiágaskodott a vízből, és felemelte a fejét, mintha utoljára pillantana rá.
Luego se giró y obedeció, nadando hacia la orilla con resolución.
majd megfordult, engedelmeskedett és elszántan a part felé úszott.
Pete y Hans lo sacaron a tierra en el último momento posible.
Pete és Hans az utolsó lehetséges pillanatban húzták partra.
Sabían que Thornton podría aferrarse a la roca sólo por unos minutos más.
Tudták, hogy Thornton már csak percekig kapaszkodhat a sziklába.
Corrieron por la orilla hasta un lugar mucho más arriba de donde estaba colgado.
Felrohantak a parton egy helyre, messze afelett, ahol felakasztották.
Ataron la cuerda del bote al cuello y los hombros de Buck con cuidado.
Gondosan Buck nyakához és vállához kötötték a csónak zsinórját.
La cuerda estaba ajustada pero lo suficientemente suelta para permitir la respiración y el movimiento.
A kötél feszes volt, de elég laza a légzéshez és a mozgáshoz.
Luego lo lanzaron nuevamente al caudaloso y mortal río.
Aztán ismét beledobták a sebesen hömpölygő, halálos folyóba.
Buck nadó con valentía, pero perdió su ángulo debido a la fuerza de la corriente.
Buck merészen úszott, de elhibázta a megfelelő szöget az áramlat erejével szemben.
Se dio cuenta demasiado tarde de que iba a dejar atrás a Thornton.
Túl későn vette észre, hogy el fog sodródni Thornton mellett.

Hans tiró de la cuerda con fuerza, como si Buck fuera un barco que se hundía.
Hans megrántotta a kötelet, mintha Buck egy felboruló csónak lenne.
La corriente lo arrastró hacia abajo y desapareció bajo la superficie.
Az áramlat magával rántotta, és eltűnt a felszín alatt.
Su cuerpo chocó contra el banco antes de que Hans y Pete pudieran sacarlo.
Teste a partnak csapódott, mielőtt Hans és Pete kihúzták volna.
Estaba medio ahogado y le sacaron el agua a golpes.
Félig megfulladt, és kiöntötték belőle a vizet.
Buck se puso de pie, se tambaleó y volvió a desplomarse en el suelo.
Buck felállt, megtántorodott, majd ismét a földre rogyott.
Entonces oyeron la voz de Thornton llevada débilmente por el viento.
Aztán meghallották Thornton hangját, melyet halkan vitt a szél.
Aunque las palabras no eran claras, sabían que estaba cerca de morir.
Bár a szavak nem voltak világosak, tudták, hogy a halál szélén áll.
El sonido de la voz de Thornton golpeó a Buck como una sacudida eléctrica.
Thornton hangja úgy érte Buckot, mint egy elektromos lökés.
Saltó y corrió por la orilla, regresando al punto de lanzamiento.
Felugrott és felrohant a parton, visszatérve az indítóálláshoz.
Nuevamente ataron la cuerda a Buck, y nuevamente entró al arroyo.
Újra Buckhoz kötötték a kötelet, és ő ismét belépett a patakba.
Esta vez nadó directo y firmemente hacia el agua que palpitaba.
Ezúttal egyenesen és határozottan úszott a sebesen áramló vízbe.

Hans soltó la cuerda con firmeza mientras Pete evitaba que se enredara.
Hans egyenletesen engedte ki a kötelet, miközben Pete ügyelt arra, hogy ne gubancolódjon össze.
Buck nadó con fuerza hasta que estuvo alineado justo encima de Thornton.
Buck keményen úszott, amíg közvetlenül Thornton felett nem egy vonalban nem volt.
Luego se dio la vuelta y se lanzó hacia abajo como un tren a toda velocidad.
Aztán megfordult, és úgy száguldott lefelé, mint egy teljes sebességgel száguldó vonat.
Thornton lo vio venir, se preparó y le rodeó el cuello con los brazos.
Thornton meglátta közeledni, felkészült, és átkarolta a nyakát.
Hans ató la cuerda fuertemente alrededor de un árbol mientras ambos eran arrastrados hacia abajo.
Hans erősen körbekötötte a kötelet egy fán, miközben mindkettőjüket aláhúzták.
Cayeron bajo el agua y se estrellaron contra rocas y escombros del río.
Víz alatt zuhantak, szikláknak és folyami törmeléknek csapódva.
En un momento Buck estaba arriba y al siguiente Thornton se levantó jadeando.
Az egyik pillanatban Buck még felült, a következőben Thornton zihálva emelkedett fel.
Maltratados y asfixiados, se desviaron hacia la orilla y se pusieron a salvo.
Összeverődve és fuldokolva a part felé vették az irányt, biztonságba menekülve.
Thornton recuperó el conocimiento, acostado sobre un tronco a la deriva.
Thornton egy sodródási rönkön fekve tért magához.
Hans y Pete trabajaron duro para devolverle el aliento y la vida.

Hans és Pete keményen dolgoztatták, hogy visszaadja a
lélegzetét és az életerejét.
**Su primer pensamiento fue para Buck, que yacía inmóvil y
flácido.**
Első gondolata Buck volt, aki mozdulatlanul és ernyedten
feküdt.
**Nig aulló sobre el cuerpo de Buck y Skeet le lamió la cara
suavemente.**
Nig Buck teste fölött üvöltött, Skeet pedig gyengéden
megnyalta az arcát.
**Thornton, dolorido y magullado, examinó a Buck con manos
cuidadosas.**
Thornton, sebesülten és zúzódásokkal, óvatos kézzel
vizsgálgatta Buckot.
**Encontró tres costillas rotas, pero ninguna herida mortal en
el perro.**
Három eltört bordát talált, de a kutyán nem voltak halálos
sérülések.
**"Eso lo resuelve", dijo Thornton. "Acamparemos aquí". Y así
lo hicieron.**
– Ez eldöntötte a dolgot – mondta Thornton. – Itt táborozunk.
És így is tettek.
**Se quedaron hasta que las costillas de Buck sanaron y pudo
caminar nuevamente.**
Addig maradtak, amíg Buck bordái be nem gyógyultak, és
újra járni tudott.

**Ese invierno, Buck realizó una hazaña que aumentó aún más
su fama.**
Azon a télen Buck egy olyan hőstettre tett szert, amely tovább
növelte hírnevét.
**Fue menos heroico que salvar a Thornton, pero igual de
impresionante.**
Kevésbé volt hősies, mint Thornton megmentése, de
ugyanolyan lenyűgöző.
**En Dawson, los socios necesitaban suministros para un viaje
lejano.**

Dawsonban a partnereknek ellátmányra volt szükségük egy hosszú útra.
Querían viajar hacia el Este, hacia tierras vírgenes y silvestres.
Keletre akartak utazni, érintetlen vadonba.
La escritura de Buck en el Eldorado Saloon hizo posible ese viaje.
Buck Eldorado Saloonban tett üzlete tette lehetővé ezt az utat.
Todo empezó con hombres alardeando de sus perros mientras bebían.
Azzal kezdődött, hogy a férfiak iszogatás közben a kutyáikkal hencegtek.
La fama de Buck lo convirtió en blanco de desafíos y dudas.
Buck hírneve kihívások és kétségek célpontjává tette.
Thornton, orgulloso y tranquilo, se mantuvo firme en la defensa del nombre de Buck.
Thornton büszkén és nyugodtan, határozottan kiállt Buck nevének védelmében.
Un hombre dijo que su perro podía levantar doscientos cincuenta kilos con facilidad.
Egy férfi azt mondta, hogy a kutyája könnyedén elhúzhat ötszáz fontot.
Otro dijo seiscientos, y un tercero se jactó de setecientos.
Egy másik hatszázat mondott, egy harmadik pedig hétszázzal dicsekedett.
"¡Pfft!" dijo John Thornton, "Buck puede tirar de un trineo de mil libras".
– Pfúj! – mondta John Thornton. – Buck el tud húzni egy ezer kilós szánt is.
Matthewson, un Rey de Bonanza, se inclinó hacia delante y lo desafió.
Matthewson, egy Bonanza King, előrehajolt és kihívást jelentett neki.
¿Crees que puede poner tanto peso en movimiento?
„Szerinted ekkora súlyt tud mozgatni?"
"¿Y crees que puede tirar del peso cien yardas enteras?"

„És azt hiszed, hogy képes elhúzni a súlyt száz méteren keresztül?"
Thornton respondió con frialdad: «Sí. Buck es lo suficientemente bueno como para hacerlo».
Thornton hűvösen válaszolt: „Igen. Buck elég kutya ahhoz, hogy megcsinálja."
"Pondrá mil libras en movimiento y las arrastrará cien yardas".
„Ezer fontot mozgat meg, és száz métert is elhúz."
Matthewson sonrió lentamente y se aseguró de que todos los hombres escucharan sus palabras.
Matthewson lassan elmosolyodott, és megbizonyosodott róla, hogy mindenki hallja a szavait.
Tengo mil dólares que dicen que no puede. Ahí está.
„Van egy ezer dollárom, ami azt jelenti, hogy nem teheti meg. Itt van."
Arrojó un saco de polvo de oro del tamaño de una salchicha sobre la barra.
Egy kolbásznyi nagyságú aranyporos zsákot vágott a bárpultra.
Nadie dijo una palabra. El silencio se hizo denso y tenso a su alrededor.
Senki sem szólt egy szót sem. A csend egyre súlyosabbá és feszültté vált körülöttük.
El engaño de Thornton —si es que lo hubo— había sido tomado en serio.
Thornton blöffjét – ha egyáltalán blöffnek számított – komolyan vették.
Sintió que el calor le subía a la cara mientras la sangre le subía a las mejillas.
Érezte, hogy forróság száll az arcába, ahogy a vér az arcába ömlik.
En ese momento su lengua se había adelantado a su razón.
A nyelve abban a pillanatban megelőzte az eszét.
Realmente no sabía si Buck podría mover mil libras.
Tényleg nem tudta, hogy Buck képes-e ezer kilót megmozgatni.

¡Media tonelada! Solo su tamaño le hacía sentir un gran peso en el corazón.
Fél tonna! Már a mérete is nehézzé tette a szívét.
Tenía fe en la fuerza de Buck y creía que era capaz.
Bízott Buck erejében, és képesnek tartotta rá.
Pero nunca se había enfrentado a un desafío así, no de esta manera.
De még soha nem nézett szembe ilyen kihívással, nem ehhez hasonlóval.
Una docena de hombres lo observaban en silencio, esperando ver qué haría.
Egy tucat férfi figyelte csendben, várva, mit fog tenni.
Él no tenía el dinero, ni tampoco Hans ni Pete.
Nem volt rá pénze – Hansnak és Pete-nek sem.
"Tengo un trineo afuera", dijo Matthewson fría y directamente.
– Van kint egy szánkóm – mondta Matthewson hidegen és határozottan.
"Está cargado con veinte sacos de cincuenta libras cada uno, todo de harina.
„Húsz zsákkal van megrakva, mindegyik ötven font, mind liszt."
Así que no dejen que un trineo perdido sea su excusa ahora", añadió.
Szóval ne egy eltűnt szánkó legyen most a kifogásod" – tette hozzá.
Thornton permaneció en silencio. No sabía qué decir.
Thornton némán állt. Nem tudta, mit mondjon.
Miró a su alrededor los rostros sin verlos con claridad.
Körülnézett az arcokon anélkül, hogy tisztán látta volna őket.
Parecía un hombre congelado en sus pensamientos, intentando reiniciarse.
Úgy nézett ki, mint aki gondolataiba merülve próbál újrakezdeni.
Luego vio a Jim O'Brien, un amigo de la época de Mastodon.
Aztán meglátta Jim O'Brient, a Mastodon-kori barátját.
Ese rostro familiar le dio un coraje que no sabía que tenía.

Az ismerős arc olyan bátorságot adott neki, amiről nem is tudott.
Se giró y preguntó en voz baja: "¿Puedes prestarme mil?"
Megfordult, és halkan megkérdezte: „Tudnál kölcsönadni nekem ezrest?"
"Claro", dijo O'Brien, dejando caer un pesado saco junto al oro.
– Persze – mondta O'Brien, és máris elejtett egy nehéz zsákot az arany mellett.
"Pero la verdad, John, no creo que la bestia pueda hacer esto".
„De őszintén szólva, John, nem hiszem, hogy a szörnyeteg képes lenne erre."
Todos los que estaban en el Eldorado Saloon corrieron hacia afuera para ver el evento.
Az Eldorado Szalonban mindenki kiszaladt, hogy lássa az eseményt.
Abandonaron las mesas y las bebidas, e incluso los juegos se pausaron.
Elhagyták az asztalokat és az italokat, sőt, még a játékokat is szüneteltették.
Comerciantes y jugadores acudieron para presenciar el final de la audaz apuesta.
Osztók és szerencsejátékosok gyűltek össze, hogy tanúi legyenek a merész fogadás végének.
Cientos de personas se reunieron alrededor del trineo en la calle helada y abierta.
Több százan gyűltek össze a szánkó körül a jeges, nyílt utcán.
El trineo de Matthewson estaba cargado con un montón de sacos de harina.
Matthewson szánja tele volt liszteszsákokkal.
El trineo había permanecido parado durante horas a temperaturas bajo cero.
A szán órák óta állt mínuszokban.
Los patines del trineo estaban congelados y pegados a la nieve compacta.
A szánkó talpai szorosan odafagytak a letaposott hóhoz.

Los hombres ofrecieron dos a uno de que Buck no podría mover el trineo.
A férfiak kétszeres oddsot tettek arra, hogy Buck nem tudja megmozdítani a szánt.
Se desató una disputa sobre lo que realmente significaba "break out".
Vita alakult ki arról, hogy mit is jelent valójában a „kitörés".
O'Brien dijo que Thornton debería aflojar la base congelada del trineo.
O'Brien azt mondta Thorntonnak, hogy lazítsa meg a szánkó befagyott talpát.
Buck pudo entonces "escapar" de un comienzo sólido e inmóvil.
Buck ezután „kitörhetett" egy szilárd, mozdulatlan kezdetből.
Matthewson argumentó que el perro también debe liberar a los corredores.
Matthewson azzal érvelt, hogy a kutyának a futókat is ki kell szabadítania.
Los hombres que habían escuchado la apuesta estuvieron de acuerdo con la opinión de Matthewson.
A férfiak, akik hallották a fogadást, egyetértettek Matthewson nézetével.
Con esa decisión, las probabilidades aumentaron a tres a uno en contra de Buck.
Ezzel a döntéssel az esélyek három az egyhez ugrottak Buck ellen.
Nadie se animó a asumir las crecientes probabilidades de tres a uno.
Senki sem lépett elő, hogy elfogadja a növekvő háromszoros esélyt.
Ningún hombre creyó que Buck pudiera realizar la gran hazaña.
Egyetlen ember sem hitte, hogy Buck képes lenne erre a nagy tettre.
Thornton se había apresurado a hacer la apuesta, cargado de dudas.
Thorntont sietve, kétségek gyötörték, sürgették a fogadást.

Ahora miró el trineo y el equipo de diez perros que estaba a su lado.
Most a szánt és a mellette lévő tízkutyás fogatot nézte.
Ver la realidad de la tarea la hizo parecer más imposible.
A feladat valóságának láttán az még lehetetlenebbnek tűnt.
Matthewson estaba lleno de orgullo y confianza en ese momento.
Matthewson abban a pillanatban tele volt büszkeséggel és magabiztossággal.
—¡Tres a uno! —gritó—. ¡Apuesto mil más, Thornton!
– Három az egyhez! – kiáltotta. – Fogadok még ezerbe, Thornton!
"¿Qué dices?" añadió lo suficientemente alto para que todos lo oyeran.
– Mit mondasz? – tette hozzá elég hangosan ahhoz, hogy mindenki hallja.
El rostro de Thornton mostraba sus dudas, pero su ánimo se había elevado.
Thornton arcán látszottak a kétségek, de a lelkesedés már javult.
Ese espíritu de lucha ignoraba las probabilidades y no temía a nada en absoluto.
Ez a harci szellem figyelmen kívül hagyta az esélyeket, és semmitől sem félt.
Llamó a Hans y Pete para que trajeran todo su dinero a la mesa.
Felhívta Hanst és Pete-et, hogy hozzák össze az összes pénzüket.
Les quedaba poco: sólo doscientos dólares en total.
Kevés pénzük maradt – összesen csak kétszáz dollár.
Esta pequeña suma constituía su fortuna total en tiempos difíciles.
Ez a kis összeg jelentette a teljes vagyonukat a nehéz időkben.
Aún así, apostaron toda su fortuna contra la apuesta de Matthewson.
Mégis, az összes vagyonukat Matthewson fogadására tették fel.

El equipo de diez perros fue desenganchado y se alejó del trineo.
A tíz kutyából álló csapatot leválasztották a szánról, és elhúztak a szánkótól.
Buck fue colocado en las riendas, vistiendo su arnés familiar.
Buckot a gyeplőbe helyezték, és a hátán viselte a megszokott hámját.
Había captado la energía de la multitud y sentía la tensión.
Érezte a tömeg energiáját és a feszültséget.
De alguna manera, sabía que tenía que hacer algo por John Thornton.
Valahogy tudta, hogy tennie kell valamit John Thorntonért.
La gente murmuraba con admiración ante la orgullosa figura del perro.
Az emberek csodálattal mormogtak a kutya büszke alakjára.
Era delgado y fuerte, sin un solo gramo de carne extra.
Sovány és erős volt, egyetlen grammnyi felesleges hús nélkül.
Su peso total de ciento cincuenta libras era todo potencia y resistencia.
Százötven fontnyi teljes súlya csupa erő és kitartás volt.
El pelaje de Buck brillaba como la seda, espeso y saludable.
Buck bundája selyemként csillogott, egészségtől és erőtől átitatva.
El pelaje a lo largo de su cuello y hombros pareció levantarse y erizarse.
A nyakán és a vállán a szőr mintha felpúposodott volna és felborzolódott volna.
Su melena se movía levemente, cada cabello vivo con su gran energía.
Sörénye kissé megmozdult, minden egyes szőrszála életre kelt hatalmas energiájától.
Su pecho ancho y sus piernas fuertes hacían juego con su cuerpo pesado y duro.
Széles mellkasa és erős lábai tökéletesen illettek nehézkes, szívós testalkatához.

Los músculos se ondulaban bajo su abrigo, tensos y firmes como hierro.
Izmai hullámoztak a kabátja alatt, feszesek és szilárdak, mint a megkötött vas.
Los hombres lo tocaron y juraron que estaba construido como una máquina de acero.
A férfiak megérintették, és megesküdtek, hogy úgy van felépítve, mint egy acélszerkezet.
Las probabilidades bajaron levemente a dos a uno contra el gran perro.
Az esélyek kissé csökkentek, kettő az egyhez a nagy kutya ellen.
Un hombre de los bancos Skookum se adelantó, tartamudeando.
Egy férfi a Skookum padokról dadogva előretolta magát.
—¡Bien, señor! ¡Ofrezco ochocientas libras por él, antes del examen, señor!
„Rendben van, uram! Nyolcszázat ajánlok érte... a próba előtt, uram!"
"¡Ochocientos, tal como está ahora mismo!" insistió el hombre.
„Nyolcszáz, ahogy most áll!" – erősködött a férfi.
Thornton dio un paso adelante, sonrió y meneó la cabeza con calma.
Thornton előrelépett, elmosolyodott, és nyugodtan megrázta a fejét.
Matthewson intervino rápidamente con una voz de advertencia y el ceño fruncido.
Matthewson gyorsan közbelépett figyelmeztető hangon és összevont szemöldökkel.
—Debes alejarte de él —dijo—. Dale espacio.
„El kell távolodnod tőle" – mondta. „Adj neki teret."
La multitud quedó en silencio; sólo los jugadores seguían ofreciendo dos a uno.
A tömeg elcsendesedett; csak a szerencsejátékosok ajánlottak még mindig kettőt az egyhez.

Todos admiraban la complexión de Buck, pero la carga parecía demasiado grande.
Mindenki csodálta Buck testalkatát, de a rakomány túl nagynak tűnt.
Veinte sacos de harina, cada uno de cincuenta libras de peso, parecían demasiados.
Húsz zsák liszt – egyenként ötven font súlyú – túl soknak tűnt.
Nadie estaba dispuesto a abrir su bolsa y arriesgar su dinero.
Senki sem volt hajlandó kinyitni az erszényét és kockáztatni a pénzét.
Thornton se arrodilló junto a Buck y tomó su cabeza con ambas manos.
Thornton letérdelt Buck mellé, és két kezébe fogta a fejét.
Presionó su mejilla contra la de Buck y le habló al oído.
Arcát Buck arcához nyomta, és a fülébe suttogott.
Ya no había apretones juguetones ni susurros de insultos amorosos.
Most nem volt játékos rázogatás vagy suttogott szerelmes sértések.
Él sólo murmuró suavemente: "Tanto como me amas, Buck".
Csak halkan mormolta: „Amennyire szeretsz, Buck."
Buck dejó escapar un gemido silencioso, su entusiasmo apenas fue contenido.
Buck halkan nyüszített, alig fékezte a lelkesedését.
Los espectadores observaron con curiosidad cómo la tensión llenaba el aire.
A nézők kíváncsian figyelték, ahogy a feszültség betöltötte a levegőt.
El momento parecía casi irreal, como algo más allá de la razón.
A pillanat szinte valószerűtlennek tűnt, mint valami értelmetlen dolog.
Cuando Thornton se puso de pie, Buck tomó suavemente su mano entre sus mandíbulas.
Amikor Thornton felállt, Buck gyengéden megfogta a kezét.
Presionó con los dientes y luego lo soltó lenta y suavemente.
Fogaival lenyomta, majd lassan és gyengéden elengedte.

Fue una respuesta silenciosa de amor, no dicha, pero entendida.
A szeretet néma válasza volt, nem kimondva, hanem megértve.
Thornton se alejó bastante del perro y dio la señal.
Thornton jó messzire hátrébb lépett a kutyától, és megadta a jelet.
—Ahora, Buck —dijo, y Buck respondió con calma y concentración.
– Na, Buck – mondta, mire Buck nyugodtan válaszolt.
Buck apretó las correas y luego las aflojó unos centímetros.
Buck meghúzta a szíjakat, majd néhány centivel meglazította őket.
Éste era el método que había aprendido; su manera de romper el trineo.
Ezt a módszert tanulta meg; így törte össze a szánt.
—¡Caramba! —gritó Thornton con voz aguda en el pesado silencio.
– Hűha! – kiáltotta Thornton éles hangon a nehéz csendben.
Buck giró hacia la derecha y se lanzó con todo su peso.
Buck jobbra fordult, és teljes súlyával előrelendült.
La holgura desapareció y la masa total de Buck golpeó las cuerdas apretadas.
A lazaság eltűnt, és Buck teljes súlyával a feszes sínre csapódott.
El trineo tembló y los patines produjeron un crujido crujiente.
A szán remegett, a talpak pedig ropogós, ropogó hangot adtak ki.
—¡Ja! —ordenó Thornton, cambiando nuevamente la dirección de Buck.
– Haw! – parancsolta Thornton, ismét Buck irányát váltva.
Buck repitió el movimiento, esta vez tirando bruscamente hacia la izquierda.
Buck megismételte a mozdulatot, ezúttal élesen balra húzódott.

El trineo crujió más fuerte y los patines crujieron y se movieron.
A szán hangosabban recsegett, a talpak recsegtek és mozdultak.
La pesada carga se deslizó ligeramente hacia un lado sobre la nieve congelada.
A nehéz teher kissé oldalra csúszott a fagyott havon.
¡El trineo se había soltado del sendero helado!
A szánkó kiszabadult a jeges ösvény szorításából!
Los hombres contenían la respiración, sin darse cuenta de que ni siquiera estaban respirando.
A férfiak visszatartották a lélegzetüket, nem is sejtették, hogy nem lélegznek.
—¡Ahora, TIRA! —gritó Thornton a través del silencio helado.
„Most HÚZZATOK!" – kiáltotta Thornton a dermedt csendben.
La orden de Thornton sonó aguda, como el chasquido de un látigo.
Thornton parancsa élesen harsant, mint egy ostor csattanása.
Buck se lanzó hacia adelante con una estocada feroz y estremecedora.
Buck egy vad és rázkódással előrevetette magát.
Todo su cuerpo se tensó y se arrugó por la enorme tensión.
Az egész teste megfeszült és összerándult a hatalmas nyomástól.
Los músculos se ondulaban bajo su pelaje como serpientes que cobraban vida.
Izmai úgy hullámoztak a bundája alatt, mint életre kelő kígyók.
Su gran pecho estaba bajo y la cabeza estirada hacia delante, hacia el trineo.
Hatalmas mellkasa alacsonyan volt, feje előrenyújtva a szánkó felé.
Sus patas se movían como un rayo y sus garras cortaban el suelo helado.

Mancsai villámként mozogtak, karmaikkal hasították a fagyott földet.
Los surcos se abrieron profundos mientras luchaba por cada centímetro de tracción.
Mély barázdákat vágott a talaj, miközben minden négyzetcentiméternyi tapadásért küzdött.
El trineo se balanceó, tembló y comenzó un movimiento lento e inquieto.
A szánkó ringatózott, remegett, és lassú, nyugtalan mozgásba kezdett.
Un pie resbaló y un hombre entre la multitud gimió en voz alta.
Megcsúszott az egyik lába, és egy férfi a tömegben hangosan felnyögött.
Entonces el trineo se lanzó hacia adelante con un movimiento brusco y espasmódico.
Aztán a szánkó rángatózó, durva mozdulattal előrelendült.
No se detuvo de nuevo: media pulgada... una pulgada... dos pulgadas más.
Nem állt meg újra – fél hüvelyk... egy hüvelyk... még öt hüvelyk.
Los tirones se hicieron más pequeños a medida que el trineo empezó a ganar velocidad.
A rándulások egyre kisebbek lettek, ahogy a szánkó sebességet kezdett gyűjteni.
Pronto Buck estaba tirando con una potencia suave, uniforme y rodante.
Buck hamarosan sima, egyenletes, guruló erővel húzott.
Los hombres jadearon y finalmente recordaron respirar de nuevo.
A férfiak felnyögtek, és végre eszébe jutott újra levegőt venni.
No se habían dado cuenta de que su respiración se había detenido por el asombro.
Nem vették észre, hogy a lélegzetük elállt a félelemtől.
Thornton corrió detrás, gritando órdenes breves y alegres.
Thornton mögöttük futott, rövid, vidám parancsokat kiabálva.

Más adelante había una pila de leña que marcaba la distancia.
Előttük egy tűzifahalom jelezte a távolságot.
A medida que Buck se acercaba a la pila, los vítores se hacían cada vez más fuertes.
Ahogy Buck közeledett a halomhoz, az éljenzés egyre hangosabb lett.
Los aplausos aumentaron hasta convertirse en un rugido cuando Buck pasó el punto final.
Az éljenzés üvöltéssé erősödött, ahogy Buck elhaladt a végpont mellett.
Los hombres saltaron y gritaron, incluso Matthewson sonrió.
A férfiak ugráltak és kiabáltak, még Matthewson is elvigyorodott.
Los sombreros volaron por el aire y los guantes fueron arrojados sin pensar ni rumbo.
Kalapok repültek a levegőbe, kesztyűk dobálóztak gondolkodás és céltalanul.
Los hombres se abrazaron y se dieron la mano sin saber a quién.
A férfiak megragadták egymást, és kezet fogtak egymással, anélkül, hogy tudták volna, kivel.
Toda la multitud vibró en una celebración salvaje y alegre.
Az egész tömeg vad, örömteli ünneplésben zümmögött.
Thornton cayó de rodillas junto a Buck con manos temblorosas.
Thornton remegő kézzel rogyott térdre Buck mellett.
Apretó su cabeza contra la de Buck y lo sacudió suavemente hacia adelante y hacia atrás.
Fejét Buck fejéhez nyomta, és gyengéden előre-hátra rázta.
Los que se acercaron le oyeron maldecir al perro con silencioso amor.
Akik közeledtek, hallották, ahogy csendes szeretettel átkozza a kutyát.
Maldijo a Buck durante un largo rato, suavemente, cálidamente, con emoción.
Hosszan káromkodott Buckkal – halkan, melegen, érzelmesen.

—¡Bien, señor! ¡Bien, señor! —gritó el rey del Banco Skookum a toda prisa.
– Jó, uram! Jó, uram! – kiáltotta sietve a Skookum pad királya.
—¡Le daré mil, no, mil doscientos, por ese perro, señor!
„Ezret... nem, ezerkétszázat... adok azért a kutyáért, uram!"
Thornton se puso de pie lentamente, con los ojos brillantes de emoción.
Thornton lassan feltápászkodott, szeme csillogott az érzelmektől.
Las lágrimas corrían abiertamente por sus mejillas sin ninguna vergüenza.
Könnyek patakokban folytak az arcán, minden szégyenkezés nélkül.
"Señor", le dijo al rey del Banco Skookum, firme y firme.
– Uram – mondta a Skookum pad királyának szilárdan és határozottan.
—**No, señor. Puede irse al infierno, señor. Esa es mi última respuesta.**
„Nem, uram. Mehet a pokolba, uram. Ez a végső válaszom."
Buck agarró suavemente la mano de Thornton con sus fuertes mandíbulas.
Buck erős állkapcsával gyengéden megragadta Thornton kezét.
Thornton lo sacudió juguetonamente; su vínculo era más profundo que nunca.
Thornton játékosan megrázta, a köztük lévő kötelék továbbra is mély volt.
La multitud, conmovida por el momento, retrocedió en silencio.
A pillanatnyi meghatottságtól meghatott tömeg csendben hátrált.
Desde entonces nadie se atrevió a interrumpir tan sagrado afecto.
Attól kezdve senki sem merte félbeszakítani ezt a szent szeretetet.

El sonido de la llamada
A hívás hangja

Buck había ganado mil seiscientos dólares en cinco minutos.
Buck öt perc alatt tizenhatszáz dollárt keresett.
El dinero permitió a John Thornton pagar algunas de sus deudas.
A pénz lehetővé tette John Thornton számára, hogy kifizesse adósságainak egy részét.
Con el resto del dinero se dirigió al Este con sus socios.
A maradék pénzzel keletre indult a társaival.
Buscaban una legendaria mina perdida, tan antigua como el país mismo.
Egy legendás elveszett bányát kerestek, amely olyan régi, mint maga az ország.
Muchos hombres habían buscado la mina, pero pocos la habían encontrado.
Sokan keresték a bányát, de kevesen találták meg.
Más de unos pocos hombres habían desaparecido durante la peligrosa búsqueda.
A veszélyes küldetés során jó néhány ember tűnt el.
Esta mina perdida estaba envuelta en misterio y vieja tragedia.
Ez az elveszett bánya rejtélybe és régi tragédiába burkolózott.
Nadie sabía quién había sido el primer hombre que encontró la mina.
Senki sem tudta, ki volt az első ember, aki megtalálta a bányát.
Las historias más antiguas no mencionan a nadie por su nombre.
A legrégebbi történetek senkit sem említenek név szerint.
Siempre había habido allí una antigua y destartalada cabaña.
Mindig is állt ott egy régi, romos kunyhó.
Los hombres moribundos habían jurado que había una mina al lado de aquella vieja cabaña.
A haldoklók megesküdtek, hogy egy bánya van a régi kunyhó mellett.

Probaron sus historias con oro como ningún otro en ningún otro lugar.
Olyan arannyal bizonyították történetüket, amilyet sehol máshol nem találtak.
Ningún alma viviente había jamás saqueado el tesoro de aquel lugar.
Élő lélek sem zsákmányolta még soha a kincset arról a helyről.
Los muertos estaban muertos, y los muertos no cuentan historias.
A halottak halottak voltak, és a halottak nem mesélnek.
Entonces Thornton y sus amigos se dirigieron al Este.
Thornton és barátai tehát kelet felé vették az irányt.
Pete y Hans se unieron, trayendo a Buck y seis perros fuertes.
Pete és Hans csatlakoztak, magukkal hozva Buckot és hat erős kutyát.
Se embarcaron en un camino desconocido donde otros habían fracasado.
Ismeretlen ösvényen indultak el, ahol mások kudarcot vallottak.
Se deslizaron en trineo setenta millas por el congelado río Yukón.
Hetven mérföldet szánkóztak felfelé a befagyott Yukon folyón.
Giraron a la izquierda y siguieron el sendero hacia Stewart.
Balra fordultak, és követték az ösvényt a Stewart-folyóba.
Pasaron Mayo y McQuestion y siguieron adelante.
Elhagyták a Mayo és a McQuestion folyót, és egyre messzebbre nyomultak.
El río Stewart se encogió y se convirtió en un arroyo, atravesando picos irregulares.
A Stewart folyóvá zsugorodott, csipkézett csúcsok között kanyarogva.
Estos picos afilados marcaban la columna vertebral del continente.
Ezek az éles csúcsok jelölték a kontinens gerincét.
John Thornton exigía poco a los hombres y a la tierra salvaje.

John Thornton keveset követelt az emberektől vagy a vad földtől.
No temía a nada de la naturaleza y se enfrentaba a lo salvaje con facilidad.
Semmitől sem félt a természetben, és könnyedén szembenézett a vadonnal.
Con sólo sal y un rifle, podría viajar a donde quisiera.
Csak sóval és egy puskával utazhatott, ahová csak akart.
Al igual que los nativos, cazaba alimentos mientras viajaba.
A bennszülöttekhez hasonlóan ő is vadászott élelemre, miközben utazott.
Si no pescaba nada, seguía adelante, confiando en que la suerte le acompañaría.
Ha nem fogott semmit, folytatta útját, bízva a szerencsében.
En este largo viaje, la carne era lo principal que comían.
Ezen a hosszú úton a hús volt a fő táplálékuk.
El trineo contenía herramientas y municiones, pero no un horario estricto.
A szán szerszámokat és lőszert tartalmazott, de nem volt szigorú menetrend.
A Buck le encantaba este vagabundeo, la caza y la pesca interminables.
Buck imádta ezt a vándorlást; a végtelen vadászatot és horgászatot.
Durante semanas estuvieron viajando día tras día.
Heteken át utaztak nap mint nap.
Otras veces montaban campamentos y permanecían allí durante semanas.
Máskor tábort vertek, és hetekig mozdulatlanul maradtak.
Los perros descansaron mientras los hombres cavaban en la tierra congelada.
A kutyák pihentek, miközben a férfiak a fagyott földben ástak.
Calentaron sartenes sobre el fuego y buscaron oro escondido.
Tűz felett melegítették a serpenyőket, és rejtett aranyat kerestek.
Algunos días pasaban hambre y otros días tenían fiestas.

Voltak napok, amikor éheztek, és voltak napok, amikor lakomákat rendeztek.
Sus comidas dependían de la presa y de la suerte de la caza.
Étkezésük a vadtól és a vadászat szerencséjétől függött.
Cuando llegaba el verano, los hombres y los perros cargaban cargas sobre sus espaldas.
Amikor eljött a nyár, a férfiak és a kutyák rakományt pakoltak a hátukra.
Navegaron por lagos azules escondidos en bosques de montaña.
Hegyi erdőkben megbúvó kék tavakon eveztek át.
Navegaban en delgadas embarcaciones por ríos que ningún hombre había cartografiado jamás.
Karcsú csónakokkal vitorláztak olyan folyókon, amelyeket ember még soha nem térképezett fel.
Esos barcos se construyeron a partir de árboles que cortaban en la naturaleza.
Azokat a hajókat a vadonban kivágott fákból építették.

Los meses pasaron y ellos serpentearon por tierras salvajes y desconocidas.
Teltek a hónapok, ők pedig vad, ismeretlen vidékeken bolyongtak.
No había hombres allí, aunque había rastros antiguos que indicaban que había habido hombres.
Nem voltak ott férfiak, de a régi nyomok arra utaltak, hogy voltak ott férfiak.
Si la Cabaña Perdida fue real, entonces otras personas habían pasado por allí alguna vez.
Ha az Elveszett Kunyhó valóságos volt, akkor mások is jártak már erre.
Cruzaron pasos altos en medio de tormentas de nieve, incluso en verano.
Magas hágókon keltek át hóviharokban, még nyáron is.
Temblaban bajo el sol de medianoche en las laderas desnudas de las montañas.
Vacogtak az éjféli nap alatt a kopár hegyoldalakon.

Entre la línea de árboles y los campos de nieve, subieron lentamente.
A fasor és a hómezők között lassan kapaszkodtak felfelé.
En los valles cálidos, aplastaban nubes de mosquitos y moscas.
Meleg völgyekben szúnyog- és legyfelhőket csapkodtak.
Recogieron bayas dulces cerca de los glaciares en plena floración del verano.
Teljes nyári virágzásban édes bogyókat szedtek a gleccserek közelében.
Las flores que encontraron eran tan hermosas como las de las Tierras del Sur.
A virágok, amiket találtak, ugyanolyan szépek voltak, mint a Délvidéken.
Ese otoño llegaron a una región solitaria llena de lagos silenciosos.
Azon az őszön egy magányos vidékre értek, tele csendes tavakkal.
La tierra estaba triste y vacía, una vez llena de pájaros y bestias.
A föld szomorú és üres volt, valaha madaraktól és állatoktól élt.
Ahora no había vida, sólo el viento y el hielo formándose en charcos.
Most már nem volt élet, csak a szél és a tócsákban képződő jég.
Las olas golpeaban las orillas vacías con un sonido suave y triste.
A hullámok halk, gyászos hanggal csapkodták az üres partokat.

Llegó otro invierno y volvieron a seguir los viejos y tenues senderos.
Újabb tél jött, és ismét halvány, régi ösvényeket követtek.
Éstos eran los rastros de hombres que habían buscado mucho antes que ellos.

Ezek azoknak a férfiaknak a nyomai voltak, akik már jóval előttük kerestek.
Un día encontraron un camino que se adentraba profundamente en el bosque oscuro.
Egyszer csak találtak egy ösvényt, ami mélyen a sötét erdőbe vezetett.
Era un sendero antiguo y sintieron que la cabaña perdida estaba cerca.
Régi ösvény volt, és úgy érezték, hogy az elveszett kunyhó a közelben van.
Pero el sendero no conducía a ninguna parte y se perdía en el espeso bosque.
De az ösvény sehová sem vezetett, és beleveszett a sűrű erdőbe.
Nadie sabe quién hizo el sendero ni por qué lo hizo.
Ki tette meg az ösvényt, és miért, senki sem tudta.
Más tarde encontraron los restos de una cabaña escondidos entre los árboles.
Később megtalálták a fák között megbúvó kunyhó roncsait.
Mantas podridas yacían esparcidas donde alguna vez alguien había dormido.
Rohadó takarók hevertek szanaszét ott, ahol valaha valaki aludt.
John Thornton encontró una pistola de chispa de cañón largo enterrada en el interior.
John Thornton egy hosszú csövű kovás puskát talált elásva a belsejében.
Sabía que se trataba de un cañón de la Bahía de Hudson desde los primeros días de su comercialización.
Tudta, hogy ez egy Hudson Bay-i fegyver, még a kereskedés korai napjaiból.
En aquella época, estas armas se intercambiaban por montones de pieles de castor.
Azokban az időkben az ilyen fegyvereket hódbőrkötegekért adták el.
Eso fue todo: no quedó ninguna pista del hombre que construyó el albergue.

Ennyi volt az egész – semmi nyoma sem maradt annak az embernek, aki a kunyhót építette.

Llegó nuevamente la primavera y no encontraron ninguna señal de la Cabaña Perdida.
Újra eljött a tavasz, és az Elveszett Kunyhónak semmi jelét nem találták.
En lugar de eso encontraron un valle amplio con un arroyo poco profundo.
Ehelyett egy széles völgyet találtak sekély patakkal.
El oro se extendía sobre el fondo de las sartenes como mantequilla suave y amarilla.
Az arany sima, sárga vajként feküdt a serpenyők alján.
Se detuvieron allí y no buscaron más la cabaña.
Megálltak ott, és nem keresték tovább a kunyhót.
Cada día trabajaban y encontraban miles en polvo de oro.
Minden nap dolgoztak, és ezreket találtak aranyporban.
Empaquetaron el oro en bolsas de piel de alce, de cincuenta libras cada una.
Ötven font súlyú jávorszarvasbőr zsákokba csomagolták az aranyat.
Las bolsas estaban apiladas como leña afuera de su pequeña cabaña.
A zsákok tűzifaként hevertek egymásra halmozva a kis kunyhójuk előtt.
Trabajaron como gigantes y los días pasaban como sueños rápidos.
Óriásokként dolgoztak, a napok pedig gyorsan teltek, mint az álom.
Acumularon tesoros a medida que los días interminables transcurrían rápidamente.
Kincset halmoztak fel, ahogy a végtelen napok gyorsan teltek.
Los perros no tenían mucho que hacer excepto transportar carne de vez en cuando.
A kutyáknak nem sok dolguk akadt, azon kívül, hogy néha-néha húst cipeltek.

Thornton cazó y mató el animal, y Buck se quedó tendido junto al fuego.
Thornton vadászott és ejtette a vadat, Buck pedig a tűz mellett feküdt.
Pasó largas horas en silencio, perdido en sus pensamientos y recuerdos.
Hosszú órákat töltött csendben, elveszve a gondolataiban és az emlékeiben.
La imagen del hombre peludo venía cada vez más a la mente de Buck.
A szőrös férfi képe egyre gyakrabban jelent meg Buck elméjében.
Ahora que el trabajo escaseaba, Buck soñaba mientras parpadeaba ante el fuego.
Most, hogy kevés volt a munka, Buck a tűzbe pislogva álmodozott.
En esos sueños, Buck vagaba con el hombre en otro mundo.
Ezekben az álmokban Buck a férfival bolyongott egy másik világban.
El miedo parecía el sentimiento más fuerte en ese mundo distante.
A félelem tűnt a legerősebb érzésnek abban a távoli világban.
Buck vio al hombre peludo dormir con la cabeza gacha.
Buck látta, hogy a szőrös férfi lehajtott fejjel alszik.
Tenía las manos entrelazadas y su sueño era inquieto y entrecortado.
Kezei összekulcsolva voltak, álma nyugtalan és megszakadt volt.
Solía despertarse sobresaltado y mirar con miedo hacia la oscuridad.
Riadtan ébredt, és félelemmel bámult a sötétbe.
Luego echaba más leña al fuego para mantener la llama brillante.
Aztán még fát tett a tűzre, hogy a láng élénk maradjon.
A veces caminaban por una playa junto a un mar gris e interminable.
Néha a szürke, végtelen tenger partján sétáltak.

El hombre peludo recogía mariscos y los comía mientras caminaba.
A szőrös férfi kagylókat szedett és evett belőlük menet közben.
Sus ojos buscaban siempre peligros ocultos en las sombras.
Szeme mindig a homályban rejlő veszélyeket kereste.
Sus piernas siempre estaban listas para correr ante la primera señal de amenaza.
A lábai mindig készen álltak, hogy az első fenyegetésre sprintelni tudjanak.
Se arrastraron por el bosque, silenciosos y cautelosos, uno al lado del otro.
Némán és óvatosan, egymás mellett lopakodtak át az erdőn.
Buck lo siguió de cerca y ambos se mantuvieron alerta.
Buck a nyomában követte, és mindketten éberek maradtak.
Sus orejas se movían y temblaban, sus narices olfateaban el aire.
Fülük rángatózott és mozgott, orruk a levegőt szimatolta.
El hombre podía oír y oler el bosque tan agudamente como Buck.
A férfi ugyanolyan élesen hallotta és szagolta az erdőt, mint Buck.
El hombre peludo se balanceó entre los árboles con una velocidad repentina.
A szőrös férfi hirtelen sebességgel átlendült a fák között.
Saltaba de rama en rama sin perder nunca su agarre.
Ágról ágra ugrált, soha nem tévedett el a szorításából.
Se movió tan rápido sobre el suelo como sobre él.
Ugyanolyan gyorsan mozgott a föld felett, mint rajta.
Buck recordó las largas noches bajo los árboles, haciendo guardia.
Buck emlékezett a fák alatt töltött hosszú éjszakákra, miközben virrasztott.
El hombre dormía recostado en las ramas, aferrado fuertemente.
A férfi az ágakon aludt, szorosan kapaszkodva.

Esta visión del hombre peludo estaba estrechamente ligada al llamado profundo.
A szőrös férfiról alkotott vízió szorosan kötődött a mély híváshoz.
El llamado aún resonaba en el bosque con una fuerza inquietante.
A hívás még mindig kísérteties erővel hallatszott az erdőn keresztül.
La llamada llenó a Buck de anhelo y una inquieta sensación de alegría.
A hívás vágyakozással és nyugtalan örömmel töltötte el Buckot.
Sintió impulsos y agitaciones extrañas que no podía nombrar.
Furcsa késztetéseket és izgalmakat érzett, amiket nem tudott megnevezni.
A veces seguía la llamada hasta lo profundo del tranquilo bosque.
Néha követte a hívást a csendes erdő mélyére.
Buscó el llamado, ladrando suave o agudamente mientras caminaba.
Kereste a hívást, menet közben halkan vagy élesen ugatott.
Olfateó el musgo y la tierra negra donde crecían las hierbas.
Megszagolgatta a mohát és a fekete földet, ahol a fű nőtt.
Resopló de alegría ante los ricos olores de la tierra profunda.
Gyönyörrel felhorkant a mély föld gazdag illatától.
Se agazapó durante horas detrás de troncos cubiertos de hongos.
Órákig kuporgott gombával borított fatörzsek mögött.
Se quedó quieto, escuchando con los ojos muy abiertos cada pequeño sonido.
Mozdulatlanul állt, tágra nyílt szemekkel figyelve minden apró neszre.
Quizás esperaba sorprender al objeto que le había hecho el llamado.
Talán abban reménykedett, hogy meglepi azt, ami a hívást kezdeményezte.

Él no sabía por qué actuaba así: simplemente lo hacía.
Nem tudta, miért viselkedett így – egyszerűen csak tudta.
Los impulsos venían desde lo más profundo, más allá del pensamiento o la razón.
A késztetések mélyről fakadtak, a gondolaton és az észszerűségen túlról.
Impulsos irresistibles se apoderaron de Buck sin previo aviso ni razón.
Ellenállhatatlan késztetések vették hatalmába Buckot minden előzetes figyelmeztetés és ok nélkül.
A veces dormitaba perezosamente en el campamento bajo el calor del mediodía.
Időnként lustán szundikált a táborban a déli hőségben.
De repente, su cabeza se levantó y sus orejas se levantaron en alerta.
Hirtelen felemelte a fejét, és fülei éberen hegyezték a levegőt.
Entonces se levantó de un salto y se lanzó hacia lo salvaje sin detenerse.
Aztán felugrott, és megállás nélkül berohant a vadonba.
Corrió durante horas por senderos forestales y espacios abiertos.
Órákon át futott erdei ösvényeken és nyílt tereken.
Le encantaba seguir los lechos de los arroyos secos y espiar a los pájaros en los árboles.
Szerette a kiszáradt patakmedreket követni és a fákon ülő madarakat kémlelni.
Podría permanecer escondido todo el día, mirando a las perdices pavonearse.
Egész nap rejtőzködhetett volna, és nézhette volna a ficánkoló foglyokat.
Ellos tamborilearon y marcharon, sin percatarse de la presencia todavía de Buck.
Doboltak és meneteltek, mit sem sejtve Buck jelenlétéről.
Pero lo que más le gustaba era correr al atardecer en verano.
De amit a legjobban szeretett, az a nyári alkonyatkor való futás volt.

La tenue luz y los sonidos soñolientos del bosque lo llenaron de alegría.
A halvány fény és az álmos erdei hangok örömmel töltötték el.
Leyó las señales del bosque tan claramente como un hombre lee un libro.
Olyan tisztán olvasta az erdei jeleket, mint ahogy egy ember egy könyvet.
Y siempre buscaba aquella cosa extraña que lo llamaba.
És mindig kereste azt a különös dolgot, ami hívta.
Ese llamado nunca se detuvo: lo alcanzaba despierto o dormido.
A hívás soha nem szűnt meg – elérte őt ébren vagy alva.

Una noche, se despertó sobresaltado, con los ojos alerta y las orejas alerta.
Egyik éjjel riadtan ébredt, éles szemekkel és felemelt fülekkel.
Sus fosas nasales se crisparon mientras su melena se erizaba en ondas.
Orrlyukai megrándultak, miközben sörénye hullámokban állt.
Desde lo profundo del bosque volvió a oírse el sonido, el viejo llamado.
Az erdő mélyéről ismét felhangzott a hang, a régi hívás.
Esta vez el sonido sonó claro, un aullido largo, inquietante y familiar.
Ezúttal a hang tisztán csengett, egy hosszú, kísérteties, ismerős üvöltés.
Era como el grito de un husky, pero extraño y salvaje en tono.
Olyan volt, mint egy husky kiáltása, de furcsa és vad hangvételű.
Buck reconoció el sonido al instante: había oído exactamente el mismo sonido hacía mucho tiempo.
Buck azonnal felismerte a hangot – régen már hallotta pontosan ugyanazt a hangot.
Saltó a través del campamento y desapareció rápidamente en el bosque.
Átugrott a táboron, és gyorsan eltűnt az erdőben.

A medida que se acercaba al sonido, disminuyó la velocidad y se movió con cuidado.
Ahogy közeledett a hanghoz, lelassított és óvatosan mozgott.
Pronto llegó a un claro entre espesos pinos.
Hamarosan egy tisztásra ért sűrű fenyőfák között.
Allí, erguido sobre sus cuartos traseros, estaba sentado un lobo de bosque alto y delgado.
Ott, egyenesen a guggoló lábaira ereszkedve, egy magas, sovány, fafarkas ült.
La nariz del lobo apuntaba hacia el cielo, todavía haciendo eco del llamado.
A farkas orra az ég felé meredt, még mindig a kiáltást visszhangozva.
Buck no había emitido ningún sonido, pero el lobo se detuvo y escuchó.
Buck nem adott ki hangot, a farkas mégis megállt és hallgatózott.
Sintiendo algo, el lobo se tensó y buscó en la oscuridad.
A farkas megérzett valamit, megfeszült, és a sötétséget kutatta.
Buck apareció sigilosamente, con el cuerpo agachado y los pies quietos sobre el suelo.
Buck bekúszott a látómezőbe, alacsony testtel, mozdulatlan lábbal a földön.
Su cola estaba recta y su cuerpo enroscado por la tensión.
Farka egyenes volt, teste feszülten gömbölyödött.
Mostró al mismo tiempo una amenaza y una especie de amistad ruda.
Fenyegetést és egyfajta durva barátságot is mutatott.
Fue el saludo cauteloso que compartían las bestias salvajes.
Ez volt a vadállatok által megszokott óvatos üdvözlés.
Pero el lobo se dio la vuelta y huyó tan pronto como vio a Buck.
De a farkas megfordult és elmenekült, amint meglátta Buckot.
Buck lo persiguió, saltando salvajemente, ansioso por alcanzarlo.
Buck üldözőbe vette, vadul ugrálva, alig várva, hogy utolérje.

Siguió al lobo hasta un arroyo seco bloqueado por un atasco de madera.
Követte a farkast egy kiszáradt patakhoz, amelyet egy fatorlódás zárt el.
Acorralado, el lobo giró y se mantuvo firme.
A sarokba szorított farkas megpördült, és megállt a helyén.
El lobo gruñó y mordió a su presa como un perro husky atrapado en una pelea.
A farkas vicsorgott és csattant, mint egy verekedésben csapdába esett husky.
Los dientes del lobo chasquearon rápidamente y su cuerpo se erizó de furia salvaje.
A farkas fogai gyorsan kattantak, teste vad dühtől izzott.
Buck no atacó, sino que rodeó al lobo con cautelosa amabilidad.
Buck nem támadott, hanem óvatos barátságossággal kerülte meg a farkast.
Intentó bloquear su escape con movimientos lentos e inofensivos.
Lassú, ártalmatlan mozdulatokkal próbálta megakadályozni a menekülést.
El lobo estaba cauteloso y asustado: Buck pesaba tres veces más que él.
A farkas óvatos és félős volt – Buck háromszor is túlerőben volt nála.
La cabeza del lobo apenas llegaba hasta el enorme hombro de Buck.
A farkas feje alig ért fel Buck hatalmas vállaig.
Al acecho de un hueco, el lobo salió disparado y la persecución comenzó de nuevo.
A farkas egy rést keresve elszaladt, és az üldözés újra kezdődött.
Varias veces Buck lo acorraló y el baile se repitió.
Buck többször is sarokba szorította, és a tánc megismétlődött.
El lobo estaba delgado y débil, de lo contrario Buck no podría haberlo atrapado.

A farkas sovány és gyenge volt, különben Buck nem kaphatta volna el.
Cada vez que Buck se acercaba, el lobo giraba y lo enfrentaba con miedo.
Valahányszor Buck közelebb ért, a farkas megpördült és félelemmel telve nézett rá.
Luego, a la primera oportunidad, se lanzó de nuevo al bosque.
Aztán az első adandó alkalommal ismét berontott az erdőbe.
Pero Buck no se dio por vencido y finalmente el lobo comenzó a confiar en él.
De Buck nem adta fel, és végül a farkas megbízott benne.
Olió la nariz de Buck y los dos se pusieron juguetones y alertas.
Megszagolta Buck orrát, mire a két férfi játékossá és éberté vált.
Jugaban como animales salvajes, feroces pero tímidos en su alegría.
Úgy játszottak, mint a vadállatok, vadak, mégis félénkek az örömükben.
Después de un rato, el lobo se alejó trotando con calma y propósito.
Egy idő múlva a farkas nyugodt céltudatosan elügetett.
Le demostró claramente a Buck que tenía la intención de que lo siguieran.
Világosan megmutatta Bucknak, hogy követni akarja.
Corrieron uno al lado del otro a través de la penumbra del crepúsculo.
Egymás mellett futottak az alkonyati homályban.
Siguieron el lecho del arroyo hasta el desfiladero rocoso.
A patak medrét követve felértek a sziklás szurdokba.
Cruzaron una divisoria fría donde había comenzado el arroyo.
Átkeltek egy hideg szakadékon, ahol a patak elkezdődött.
En la ladera más alejada encontraron un extenso bosque y numerosos arroyos.
A túlsó lejtőn széles erdőre és számos patakra bukkantak.

Por esta vasta tierra corrieron durante horas sin parar.
Órákon át rohantak megállás nélkül ezen a hatalmas földön.
El sol salió más alto, el aire se calentó, pero ellos siguieron corriendo.
A nap magasabbra emelkedett, a levegő melegedett, de ők tovább futottak.
Buck estaba lleno de alegría: sabía que estaba respondiendo a su llamado.
Buckot öröm töltötte el – tudta, hogy válaszol a hívására.
Corrió junto a su hermano del bosque, más cerca de la fuente del llamado.
Erdőtestvére mellett futott, közelebb a hívás forrásához.
Los viejos sentimientos regresaron, poderosos y difíciles de ignorar.
Régi érzések tértek vissza, erősen és nehezen figyelmen kívül hagyva őket.
Éstas eran las verdades detrás de los recuerdos de sus sueños.
Ezek voltak az álmaiban rejlő emlékek mögött rejlő igazságok.
Todo esto ya lo había hecho antes, en un mundo distante y sombrío.
Mindezt már megtette korábban egy távoli és árnyékos világban.
Ahora lo hizo de nuevo, corriendo salvajemente con el cielo abierto encima.
Most megint ezt tette, vadul rohant a szabad ég alatt.
Se detuvieron en un arroyo para beber del agua fría que fluía.
Megálltak egy pataknál, hogy igyanak a hideg, folyó vízből.
Mientras bebía, Buck de repente recordó a John Thornton.
Miközben ivott, Bucknak hirtelen eszébe jutott John Thornton.
Se sentó en silencio, desgarrado por la atracción de la lealtad y el llamado.
Csendben ült le, a hűség és az elhívás vonzása tépte szét.
El lobo siguió trotando, pero regresó para impulsar a Buck a seguir adelante.
A farkas továbbügetett, de visszatért, hogy ösztökélje Buckot.

Le olisqueó la nariz y trató de convencerlo con gestos suaves.
Megszagolta az orrát, és halk mozdulatokkal próbálta rávenni.
Pero Buck se dio la vuelta y comenzó a regresar por donde había venido.
De Buck megfordult, és elindult visszafelé, amerről jött.
El lobo corrió a su lado durante un largo rato, gimiendo silenciosamente.
A farkas sokáig futott mellette, halkan nyüszítve.
Luego se sentó, levantó la nariz y dejó escapar un largo aullido.
Aztán leült, felhúzta az orrát, és hosszan felüvöltött.
Fue un grito triste, que se suavizó cuando Buck se alejó.
Gyászos kiáltás volt, amely elhalkult, ahogy Buck elsétált.
Buck escuchó mientras el sonido del grito se desvanecía lentamente en el silencio del bosque.
Buck hallgatta, ahogy a sírás hangja lassan elhalványul az erdő csendjében.
John Thornton estaba cenando cuando Buck irrumpió en el campamento.
John Thornton éppen vacsorázott, amikor Buck berontott a táborba.
Buck saltó sobre él salvajemente, lamiéndolo, mordiéndolo y haciéndolo caer.
Buck vadul ráugrott, nyalogatta, harapdálta és fel-le gördítette.
Lo derribó, se subió encima y le besó la cara.
Fellökte, ráugrott, és megcsókolta az arcát.
Thornton lo llamó con cariño "hacer el tonto en general".
Thornton szeretettel „az általános hülye megjátszásának" nevezte ezt.
Mientras tanto, maldijo a Buck suavemente y lo sacudió de un lado a otro.
Közben gyengéden átkozta Buckot, és előre-hátra rázogatta.
Durante dos días y dos noches enteras, Buck no abandonó el campamento ni una sola vez.
Két teljes napon és két éjszakán át Buck egyszer sem hagyta el a tábort.

Se mantuvo cerca de Thornton y nunca lo perdió de vista.
Thornton közelében maradt, és soha nem tévesztette szem elől.
Lo siguió mientras trabajaba y lo observó mientras comía.
Követte őt munka közben, és figyelte evés közben.
Acompañaba a Thornton con sus mantas por la noche y lo salía cada mañana.
Éjszaka látta Thorntont a takaróiba bújni, reggelente pedig kiment.
Pero pronto el llamado del bosque regresó, más fuerte que nunca.
De hamarosan visszatért az erdő hívása, hangosabban, mint valaha.
Buck volvió a inquietarse, agitado por los pensamientos del lobo salvaje.
Buck ismét nyugtalanná vált, a vad farkas gondolatai kavargatták.
Recordó el terreno abierto y correr uno al lado del otro.
Emlékezett a nyílt terepre és az egymás mellett futásra.
Comenzó a vagar por el bosque una vez más, solo y alerta.
Újra elindult az erdőbe, egyedül és éberen.
Pero el hermano salvaje no regresó y el aullido no se escuchó.
De a vad testvér nem tért vissza, és az üvöltés sem hallatszott.
Buck comenzó a dormir a la intemperie, manteniéndose alejado durante días.
Buck kint kezdett aludni, napokig is távol maradt.
Una vez cruzó la alta divisoria donde había comenzado el arroyo.
Miután átkelt a magas vízválasztón, ahol a patak elkezdődött.
Entró en la tierra de la madera oscura y de los arroyos anchos y fluidos.
Sötét erdők és széles patakok földjére lépett.
Durante una semana vagó en busca de señales del hermano salvaje.
Egy hétig barangolt, a vad testvér nyomait keresve.

Mataba su propia carne y viajaba con pasos largos e incansables.
Saját maga ölte meg a zsákmányát, és hosszú, fáradhatatlan léptekkel haladt.
Pescaba salmón en un ancho río que llegaba al mar.
Lazacra halászott egy széles folyóban, amely a tengerig ért.
Allí luchó y mató a un oso negro enloquecido por los insectos.
Ott harcolt és megölt egy bogaraktól megőrjített fekete medvét.
El oso estaba pescando y corrió ciegamente entre los árboles.
A medve horgászott, és vakon szaladgált a fák között.
La batalla fue feroz y despertó el profundo espíritu de lucha de Buck.
A csata ádáz volt, felébresztve Buck mély harci szellemét.
Dos días después, Buck regresó y encontró glotones en su presa.
Két nappal később Buck visszatért, és rozsomákokat talált a zsákmányánál.
Una docena de ellos se pelearon con furia y ruidosidad por la carne.
Egy tucatnyian veszekedtek hangos dühvel a húson.
Buck cargó y los dispersó como hojas en el viento.
Buck rohamra kelt, és szétszórta őket, mint a faleveleket a szélben.
Dos lobos permanecieron atrás, silenciosos, sin vida e inmóviles para siempre.
Két farkas maradt hátra – csendben, élettelenül és örökre mozdulatlanul.
La sed de sangre se hizo más fuerte que nunca.
A vér utáni szomjúság erősebb lett, mint valaha.
Buck era un cazador, un asesino, que se alimentaba de criaturas vivas.
Buck vadász volt, gyilkos, élőlényekkel táplálkozott.
Sobrevivió solo, confiando en su fuerza y sus sentidos agudos.
Egyedül élte túl, erejére és éles érzékeire támaszkodva.

Prosperó en la naturaleza, donde sólo los más resistentes podían vivir.
A vadonban élt, ahol csak a legkeményebbek élhettek.
A partir de esto, un gran orgullo surgió y llenó todo el ser de Buck.
Ettől nagy büszkeség támadt, és Buck egész lényét betöltötte.
Su orgullo se reflejaba en cada uno de sus pasos, en el movimiento de cada músculo.
Büszkesége minden lépésében, minden izma hullámzásában megmutatkozott.
Su orgullo era tan claro como sus palabras, y se reflejaba en su manera de comportarse.
Büszkesége olyan nyilvánvaló volt, mint a szavak, ami a viselkedésén látszott.
Incluso su grueso pelaje parecía más majestuoso y brillaba más.
Még vastag bundája is fenségesebbnek tűnt és fényesebben csillogott.
Buck podría haber sido confundido con un lobo gigante.
Buckot akár egy óriási erdei farkasnak is nézhették volna.
A excepción del color marrón en el hocico y las manchas sobre los ojos.
Kivéve a barna foltokat az orrán és a szeme felett.
Y la raya blanca de pelo que corría por el centro de su pecho.
És a fehér szőrcsík, ami a mellkasa közepén végigfutott.
Era incluso más grande que el lobo más grande de esa feroz raza.
Még a vad fajta legnagyobb farkasánál is nagyobb volt.
Su padre, un San Bernardo, le dio tamaño y complexión robusta.
Apja, egy bernáthegyi, nagy és masszív testalkatú lányt adott neki.
Su madre, una pastora, moldeó esa masa hasta darle forma de lobo.
Az anyja, egy pásztor, farkas alakúra formálta ezt a testet.
Tenía el hocico largo de un lobo, aunque más pesado y ancho.

Hosszú, farkasorrú volt, bár nehezebb és szélesebb.
Su cabeza era la de un lobo, pero construida en una escala enorme y majestuosa.
A feje farkasra hasonlított, de hatalmas, fenséges méretekben épült fel.
La astucia de Buck era la astucia del lobo y de la naturaleza.
Buck ravaszsága a farkasok és a vadon ravaszsága volt.
Su inteligencia provenía tanto del pastor alemán como del san bernardo.
Intelligenciáját mind a németjuhásztól, mind a bernáthegyitől kapta.
Todo esto, más la dura experiencia, lo convirtieron en una criatura temible.
Mindez, a kemény tapasztalatokkal együtt, félelmetes teremtménnyé tette.
Era tan formidable como cualquier bestia que vagaba por las tierras salvajes del norte.
Olyan félelmetes volt, mint bármelyik vadállat, amely az északi vadonban barangolt.
Viviendo sólo de carne, Buck alcanzó el máximo nivel de su fuerza.
Buck, aki kizárólag húson élt, ereje csúcsára ért.
Rebosaba poder y fuerza masculina en cada fibra de él.
Minden porcikájában áradt az erő és a férfias erő.
Cuando Thornton le acarició la espalda, sus pelos brillaron con energía.
Amikor Thornton megsimogatta a hátát, a szőrszálak energiától szikráztak.
Cada cabello crujió, cargado con el toque de un magnetismo vivo.
Minden egyes hajszál roppant, az élő mágnesesség érintésével feltöltve.
Su cuerpo y su cerebro estaban afinados al máximo nivel posible.
Teste és agya a lehető legfinomabb hangmagasságra volt hangolva.
Cada nervio, fibra y músculo trabajaba en perfecta armonía.

Minden ideg, rost és izom tökéletes harmóniában működött.
Ante cualquier sonido o visión que requiriera acción, él respondía instantáneamente.
Bármilyen beavatkozást igénylő hangra vagy látványra azonnal reagált.
Si un husky saltaba para atacar, Buck podía saltar el doble de rápido.
Ha egy husky támadásba lendült volna, Buck kétszer olyan gyorsan tudott volna ugrani.
Reaccionó más rápido de lo que los demás pudieron verlo o escuchar.
Gyorsabban reagált, mint ahogy mások láthatták vagy hallhatták volna.
La percepción, la decisión y la acción se produjeron en un momento fluido.
Az érzékelés, a döntés és a cselekvés mind egyetlen folyékony pillanatban történt.
En realidad, estos actos fueron separados, pero demasiado rápidos para notarlos.
Valójában ezek a cselekedetek különállóak voltak, de túl gyorsak ahhoz, hogy észrevegyék.
Los intervalos entre estos actos fueron tan breves que parecían uno solo.
Olyan rövidek voltak a szünetek e két aktus között, hogy egyetlen egységnek tűntek.
Sus músculos y su ser eran como resortes fuertemente enrollados.
Izmai és lénye olyanok voltak, mint a szorosan összefonódó rugók.
Su cuerpo rebosaba de vida, salvaje y alegre en su poder.
Teste élettel teli volt, vadul és örömtelien telt erejével.
A veces sentía como si la fuerza fuera a estallar fuera de él por completo.
Időnként úgy érezte, mintha teljesen ki akarna törni belőle az erő.
"Nunca vi un perro así", dijo Thornton un día tranquilo.

– Soha nem volt még ilyen kutya a világon – mondta Thornton egy csendes napon.
Los socios observaron a Buck alejarse orgullosamente del campamento.
A társak figyelték, ahogy Buck büszkén vonul ki a táborból.
"Cuando lo crearon, cambió lo que un perro puede ser", dijo Pete.
„Amikor megalkották, megváltoztatta azt, hogy milyen lehet egy kutya" – mondta Pete.
—¡Por Dios! Yo también lo creo —respondió Hans rápidamente.
– Jézusomra! Én is így gondolom – helyeselt gyorsan Hans.
Lo vieron marcharse, pero no el cambio que vino después.
Látták elvonulni, de a utána következő változást nem látták.
Tan pronto como entró en el bosque, Buck se transformó por completo.
Amint Buck belépett az erdőbe, teljesen átváltozott.
Ya no marchaba, sino que se movía como un fantasma salvaje entre los árboles.
Már nem menetelt, hanem vad szellemként mozgott a fák között.
Se quedó en silencio, con pasos de gato, un destello que pasaba entre las sombras.
Elhallgatott, macskalábú lett, egy fénycsóva suhant át az árnyékokon.
Utilizó la cubierta con habilidad, arrastrándose sobre su vientre como una serpiente.
Ügyesen használta a fedezéket, kígyóként mászott a hasán.
Y como una serpiente, podía saltar hacia adelante y atacar en silencio.
És mint egy kígyó, előre tudott ugrani és csendben lecsapni.
Podría robar una perdiz nival directamente de su nido escondido.
Ellophatott egy hófajdot egyenesen a rejtett fészkéből.
Mató conejos dormidos sin hacer un solo sonido.
Egyetlen hang nélkül ölte meg az alvó nyulakat.

Podía atrapar ardillas en el aire cuando huían demasiado lentamente.
Elkaphatta a levegőben a lassan menekülő mókusokat.
Ni siquiera los peces en los estanques podían escapar de sus ataques repentinos.
Még a medencében lévő halak sem menekülhettek hirtelen csapásai elől.
Ni siquiera los castores más inteligentes que arreglaban presas estaban a salvo de él.
Még az okos hódok sem voltak biztonságban tőle, akik gátakat javítottak.
Él mataba por comida, no por diversión, pero prefería matar a sus propias víctimas.
Élelemért ölt, nem szórakozásból – de a saját zsákmányát szerette a legjobban.
Aun así, un humor astuto impregnaba algunas de sus cacerías silenciosas.
Mégis, ravasz humor futott át néma vadászatainak némelyikén.
Se acercó sigilosamente a las ardillas, pero las dejó escapar.
Közel osont a mókusokhoz, csak hogy aztán hagyja őket elmenekülni.
Iban a huir hacia los árboles, parloteando con terrible indignación.
Félelmükben és felháborodásukban csacsogva a fák közé menekültek.
A medida que llegaba el otoño, los alces comenzaron a aparecer en mayor número.
Ahogy beköszöntött az ősz, a jávorszarvasok egyre nagyobb számban kezdtek megjelenni.
Avanzaron lentamente hacia los valles bajos para encontrarse con el invierno.
Lassan beköltöztek az alacsony völgyekbe, hogy várják a telet.
Buck ya había derribado a un ternero joven y perdido.
Buck már elejtett egy fiatal, kóbor borjút.
Pero anhelaba enfrentarse a presas más grandes y peligrosas.

De vágyott arra, hogy nagyobb, veszélyesebb prédával nézzen szembe.
Un día, en la divisoria, a la altura del nacimiento del arroyo, encontró su oportunidad.
Egy nap a vízválasztónál, a patak forrásánál, meglátta a lehetőséget.
Una manada de veinte alces había cruzado desde tierras boscosas.
Húsz jávorszarvasból álló csorda kelt át erdős vidékekről.
Entre ellos había un poderoso toro; el líder del grupo.
Köztük volt egy hatalmas bika; a csoport vezetője.
El toro medía más de seis pies de alto y parecía feroz y salvaje.
A bika több mint két méter magas volt, és vadnak, vadnak látszott.
Lanzó sus anchas astas, con catorce puntas ramificándose hacia afuera.
Széles agancsait meglóbálta, tizennégy ágból álló ágakat.
Las puntas de esas astas se extendían siete pies de ancho.
Az agancsok végei hét láb szélesre nyúltak.
Sus pequeños ojos ardieron de rabia cuando vio a Buck cerca.
Apró szemei dühtől égtek, amikor meglátta Buckot a közelben.
Soltó un rugido furioso, temblando de furia y dolor.
Dühösen felordított, remegett a dühtől és a fájdalomtól.
Una punta de flecha sobresalía cerca de su flanco, emplumada y afilada.
Egy tollas, hegyes nyílvég állt ki az oldala közelében.
Esta herida ayudó a explicar su humor salvaje y amargado.
Ez a seb segített megmagyarázni vad, keserű hangulatát.
Buck, guiado por su antiguo instinto de caza, hizo su movimiento.
Buck, az ősi vadászösztön által vezérelve, megtette a lépést.
Su objetivo era separar al toro del resto de la manada.
Célja az volt, hogy elkülönítse a bikát a csorda többi részétől.
No fue una tarea fácil: requirió velocidad y una astucia feroz.

Ez nem volt könnyű feladat – gyorsaságra és ravaszságra volt szükség hozzá.
Ladró y bailó cerca del toro, fuera de su alcance.
Ugatott és táncolt a bika közelében, éppen csak lőtávon kívül.
El alce atacó con enormes pezuñas y astas mortales.
A jávorszarvas hatalmas patákkal és halálos agancsokkal rontott előre.
Un golpe podría haber acabado con la vida de Buck en un instante.
Egyetlen ütés egy szempillantás alatt véget vethetett volna Buck életének.
Incapaz de dejar atrás la amenaza, el toro se volvió loco.
Mivel nem tudta maga mögött hagyni a fenyegetést, a bika dühbe gurult.
Él cargó con furia, pero Buck siempre se le escapaba.
Dühösen támadott, de Buck mindig elhúzódott.
Buck fingió debilidad, lo que lo alejó aún más de la manada.
Buck gyengeséget színlelt, és ezzel távolabb csalogatta a csordától.
Pero los toros jóvenes estaban a punto de atacar para proteger al líder.
De a fiatal bikák visszarohantak, hogy megvédjék a vezetőt.
Obligaron a Buck a retirarse y al toro a reincorporarse al grupo.
Kényszerítették Buckot a visszavonulásra, a bikát pedig arra, hogy csatlakozzon újra a csoporthoz.
Hay una paciencia en lo salvaje, profunda e imparable.
Van egyfajta türelem a vadonban, mély és megállíthatatlan.
Una araña espera inmóvil en su red durante incontables horas.
Egy pók órákon át mozdulatlanul várakozik a hálójában.
Una serpiente se enrosca sin moverse y espera hasta que llega el momento.
Egy kígyó rángatózás nélkül tekeredik, és várja, míg eljön az ideje.
Una pantera acecha hasta que llega el momento.
Egy párduc lesben áll, míg el nem jön a pillanat.

Ésta es la paciencia de los depredadores que cazan para sobrevivir.
Ez a ragadozók türelme, akik a túlélésért vadásznak.
Esa misma paciencia ardía dentro de Buck mientras se quedaba cerca.
Ugyanez a türelem égett Buckban is, miközben közel maradt.
Se quedó cerca de la manada, frenando su marcha y sembrando el miedo.
A csorda közelében maradt, lelassítva annak menetét és félelmet keltve benne.
Provocaba a los toros jóvenes y acosaba a las vacas madres.
Cukkolta a fiatal bikákat és zaklatta az anyateheneket.
Empujó al toro herido hacia una rabia más profunda e impotente.
Még mélyebb, tehetetlen dühbe gurította a sebesült bikát.
Durante medio día, la lucha se prolongó sin descanso alguno.
Fél napig elhúzódott a harc pihenés nélkül.
Buck atacó desde todos los ángulos, rápido y feroz como el viento.
Buck minden szögből támadott, gyorsan és vadul, mint a szél.
Impidió que el toro descansara o se escondiera con su manada.
Megakadályozta, hogy a bika pihenjen vagy elbújjon a csordájával.
Buck desgastó la voluntad del alce más rápido que su cuerpo.
Buck gyorsabban ölte le a jávorszarvas akaratát, mint a testét.
El día transcurrió y el sol se hundió en el cielo del noroeste.
A nap telt el, és a nap alacsonyan ereszkedett le az északnyugati égbolton.
Los toros jóvenes regresaron más lentamente para ayudar a su líder.
A fiatal bikák lassabban tértek vissza, hogy segítsenek vezetőjüknek.
Las noches de otoño habían regresado y la oscuridad ahora duraba seis horas.

Visszatértek az őszi éjszakák, és a sötétség már hat órán át tartott.
El invierno los estaba empujando cuesta abajo hacia valles más seguros y cálidos.
A tél a biztonságosabb, melegebb völgyekbe taszította őket lefelé.
Pero aún así no pudieron escapar del cazador que los retenía.
De még így sem tudtak elmenekülni a vadász elől, aki visszatartotta őket.
Sólo una vida estaba en juego: no la de la manada, sino la de su líder.
Csak egyetlen élet forgott kockán – nem a csordáé, csak a vezetőjüké.
Eso hizo que la amenaza fuera distante y no su preocupación urgente.
Ez távolivá tette a fenyegetést, és nem a sürgető aggodalmukká.
Con el tiempo, aceptaron ese coste y dejaron que Buck se llevara al viejo toro.
Idővel elfogadták ezt az árat, és hagyták, hogy Buck elvigye az öreg bikát.
Al caer la tarde, el viejo toro permanecía con la cabeza gacha.
Ahogy leszállt az alkonyat, az öreg bika lehajtott fejjel állt.
Observó cómo la manada que había guiado se desvanecía en la luz que se desvanecía.
Nézte, ahogy a csorda, amelyet vezetett, eltűnik a halványuló fényben.
Había vacas que había conocido, terneros que una vez había engendrado.
Voltak tehenek, akiket ismert, borjak, akiknek egykor ő volt az apja.
Había toros más jóvenes con los que había luchado y gobernado en temporadas pasadas.
Voltak fiatalabb bikák is, akikkel a múlt szezonokban harcolt és uralkodott.
No pudo seguirlos, pues frente a él estaba agazapado nuevamente Buck.

Nem követhette őket – mert Buck ismét leguggolt előtte.
El terror despiadado con colmillos bloqueó cualquier camino que pudiera tomar.
A könyörtelen, agyaras rettegés minden útját elállta.
El toro pesaba más de trescientos kilos de densa potencia.
A bika több mint háromszáz fontnyi sűrű erőt nyomott.
Había vivido mucho tiempo y luchado con ahínco en un mundo de luchas.
Hosszú életet élt és keményen küzdött egy küzdelmes világban.
Pero ahora, al final, la muerte vino de una bestia muy inferior a él.
Mégis, most, a végén a halál egy messze alatta lévő szörnyetegtől érkezett.
La cabeza de Buck ni siquiera llegó a alcanzar las enormes rodillas del toro.
Buck feje még a bika hatalmas, bütykös térdéig sem ért fel.
A partir de ese momento, Buck permaneció con el toro noche y día.
Attól a pillanattól kezdve Buck éjjel-nappal a bikával maradt.
Nunca le dio descanso, nunca le permitió pastar ni beber.
Soha nem hagyta pihenni, soha nem engedte legelni vagy inni.
El toro intentó comer brotes tiernos de abedul y hojas de sauce.
A bika megpróbált fiatal nyírfahajtásokat és fűzfaleveleket enni.
Pero Buck lo ahuyentó, siempre alerta y siempre atacando.
De Buck elűzte, mivel mindig éber és támadó volt.
Incluso ante arroyos que goteaban, Buck bloqueó cada intento de sed.
Még a csordogáló patakoknál is Buck minden szomjas kísérletet hárított.
A veces, desesperado, el toro huía a toda velocidad.
Néha kétségbeesésében a bika teljes sebességgel menekült.
Buck lo dejó correr, trotando tranquilamente detrás, nunca muy lejos.

Buck hagyta futni, nyugodtan lopakodott mögötte, soha nem messze.

Cuando el alce se detuvo, Buck se acostó, pero se mantuvo listo.

Amikor a jávorszarvas megállt, Buck lefeküdt, de készenlétben maradt.

Si el toro intentaba comer o beber, Buck atacaba con toda furia.

Ha a bika megpróbált enni vagy inni, Buck teljes dühvel csapott le rá.

La gran cabeza del toro se hundió aún más bajo sus enormes astas.

A bika hatalmas feje egyre mélyebbre csuklott hatalmas agancsai alatt.

Su paso se hizo más lento, el trote se hizo pesado, un paso tambaleante.

A lépései lelassultak, az ügetés nehézkessé, botladozó járássá vált.

A menudo se quedaba quieto con las orejas caídas y la nariz pegada al suelo.

Gyakran mozdulatlanul állt, lelógó fülekkel és a földhöz szorított orral.

Durante esos momentos, Buck se tomó tiempo para beber y descansar.

Ezekben a pillanatokban Buck időt szakított az ivásra és a pihenésre.

Con la lengua afuera y los ojos fijos, Buck sintió que la tierra estaba cambiando.

Kinyújtott nyelvvel, fürkésző tekintettel Buck érezte, hogy a táj változik.

Sintió algo nuevo moviéndose a través del bosque y el cielo.

Érezte, hogy valami új mozog az erdőn és az égen keresztül.

A medida que los alces regresaban, también lo hacían otras criaturas salvajes.

Ahogy a jávorszarvasok visszatértek, úgy tették ezt a vadon más állatai is.

La tierra se sentía viva, con presencia, invisible pero fuertemente conocida.
A föld élőnek és jelenvalónak érződött, láthatatlanul, mégis erősen ismertté.
No fue por el sonido, ni por la vista, ni por el olfato que Buck supo esto.
Buck nem hallás, látás vagy szag alapján tudta ezt.
Un sentimiento más profundo le decía que nuevas fuerzas estaban en movimiento.
Egy mélyebb érzés azt súgta neki, hogy új erők vannak mozgásban.
Una vida extraña se agitaba en los bosques y a lo largo de los arroyos.
Különös élet kavargott az erdőkben és a patakok mentén.
Decidió explorar este espíritu, después de que la caza se completara.
Elhatározta, hogy felfedezi ezt a szellemet, miután befejezte a vadászatot.
Al cuarto día, Buck finalmente logró derribar al alce.
A negyedik napon Buck végre leterítette a jávorszarvast.
Se quedó junto a la presa durante un día y una noche enteros, alimentándose y descansando.
Egy teljes napot és egy éjszakát töltött a zsákmány mellett, evett és pihent.
Comió, luego durmió, luego volvió a comer, hasta que estuvo fuerte y lleno.
Evett, aztán aludt, majd újra evett, míg meg nem erősödött és jóllakott.
Cuando estuvo listo, regresó hacia el campamento y Thornton.
Amikor készen állt, visszafordult a tábor és Thornton felé.
Con ritmo constante, inició el largo viaje de regreso a casa.
Egyenletes tempóval indult meg a hosszú hazaútra.
Corría con su incansable galope, hora tras hora, sin desviarse jamás.
Fáradhatatlanul rohant, óránként, egyszer sem tévedve el.

A través de tierras desconocidas, se movió recto como la aguja de una brújula.
Ismeretlen vidékeken haladt, egyenesen, mint az iránytű tűje.
Su sentido de la orientación hacía que el hombre y el mapa parecieran débiles en comparación.
Tájékozódása miatt az ember és a térkép gyengének tűnt hozzá képest.
A medida que Buck corría, sentía con más fuerza la agitación en la tierra salvaje.
Ahogy Buck futott, egyre erősebben érezte a vad tájon zajló nyüzsgést.
Era un nuevo tipo de vida, diferente a la de los tranquilos meses de verano.
Ez egy újfajta élet volt, ellentétben a nyugodt nyári hónapokkal.
Este sentimiento ya no llegaba como un mensaje sutil o distante.
Ez az érzés már nem finom vagy távoli üzenetként érkezett.
Ahora los pájaros hablaban de esta vida y las ardillas parloteaban sobre ella.
A madarak most erről az életről beszéltek, a mókusok pedig csacsogtak róla.
Incluso la brisa susurraba advertencias a través de los árboles silenciosos.
Még a szellő is figyelmeztetéseket suttogott a néma fák között.
Varias veces se detuvo y olió el aire fresco de la mañana.
Többször is megállt, és beleszippantott a friss reggeli levegőbe.
Allí leyó un mensaje que le hizo avanzar más rápido.
Egy üzenetet olvasott ott, amitől gyorsabban ugrott előre.
Una fuerte sensación de peligro lo llenó, como si algo hubiera salido mal.
Súlyos veszélyérzet töltötte el, mintha valami baj történt volna.
Temía que se avecinara una calamidad, o que ya hubiera ocurrido.
Attól félt, hogy katasztrófa közeleg – vagy már bekövetkezett.
Cruzó la última cresta y entró en el valle de abajo.

Átkelt az utolsó gerincen, és beért az alatta lévő völgybe.
Se movió más lentamente, alerta y cauteloso con cada paso.
Lassabban, minden lépéssel éberebbé és óvatosabbá vált.
A tres millas de distancia encontró un nuevo rastro que lo hizo ponerse rígido.
Három mérfölddel odébb egy friss ösvényre bukkant, amitől megmerevedett.
El cabello de su cuello se onduló y se erizó en señal de alarma.
A nyakán a szőr riadtan hullámzott és égnek állt.
El sendero conducía directamente al campamento donde Thornton esperaba.
Az ösvény egyenesen a tábor felé vezetett, ahol Thornton várakozott.
Buck se movió más rápido ahora, su paso era silencioso y rápido.
Buck most gyorsabban mozgott, léptei egyszerre voltak nesztelenek és gyorsak.
Sus nervios se tensaron al leer señales que otros no verían.
Feszültek az idegei, miközben olyan jeleket olvasott, amelyeket mások nem fognak észrevenni.
Cada detalle del recorrido contaba una historia, excepto la pieza final.
Az ösvény minden részlete egy történetet mesélt – kivéve az utolsó darabot.
Su nariz le contaba sobre la vida que había transcurrido por allí.
Az orra árulkodott az itt eltelt életről.
El olor le dio una imagen cambiante mientras lo seguía de cerca.
Az illat változó képet festett róla, ahogy szorosan a nyomában követte.
Pero el bosque mismo había quedado en silencio; anormalmente quieto.
De maga az erdő elcsendesedett; természetellenesen mozdulatlanná vált.

Los pájaros habían desaparecido, las ardillas estaban escondidas, silenciosas y quietas.
A madarak eltűntek, a mókusok elrejtőztek, csendben és mozdulatlanul.
Sólo vio una ardilla gris, tumbada sobre un árbol muerto.
Csak egyetlen szürke mókust látott, egy kiszáradt fán feküdt.
La ardilla se mimetizó, rígida e inmóvil como una parte del bosque.
A mókus beleolvadt a környezetébe, mereven és mozdulatlanul, mint egy erdő része.
Buck se movía como una sombra, silencioso y seguro entre los árboles.
Buck árnyékként mozgott, csendben és magabiztosan a fák között.
Su nariz se movió hacia un lado como si una mano invisible la tirara.
Az orra oldalra rándult, mintha egy láthatatlan kéz húzta volna.
Se giró y siguió el nuevo olor hasta lo profundo de un matorral.
Megfordult, és követte az új illatot egy bozótos mélyére.
Allí encontró a Nig, que yacía muerto, atravesado por una flecha.
Ott találta Niget holtan fekve, nyílvesszővel átszúrva.
La flecha atravesó su cuerpo y aún se le veían las plumas.
A nyíl áthatolt a testén, a tollai még látszottak.
Nig se arrastró hasta allí, pero murió antes de llegar para recibir ayuda.
Nig vonszolta magát oda, de meghalt, mielőtt a segítséghez érkezhetett volna.
Cien metros más adelante, Buck encontró otro perro de trineo.
Száz méterrel odébb Buck egy másik szánhúzó kutyára bukkant.
Era un perro que Thornton había comprado en Dawson City.
Egy kutya volt, amit Thornton vett még Dawson Cityben.

El perro se encontraba en una lucha a muerte, agitándose con fuerza en el camino.
A kutya haláltusát vívva, keményen vergődött az ösvényen.
Buck pasó a su alrededor, sin detenerse, con los ojos fijos hacia adelante.
Buck elhaladt mellette, meg sem állva, maga elé szegezve tekintetét.
Desde la dirección del campamento llegaba un canto distante y rítmico.
A tábor irányából távoli, ritmikus ének hallatszott.
Las voces subían y bajaban en un tono extraño, inquietante y cantarín.
A hangok furcsa, hátborzongató, éneklő hangon emelkedtek és süllyedtek.
Buck se arrastró hacia el borde del claro en silencio.
Buck csendben kúszott előre a tisztás széléig.
Allí vio a Hans tendido boca abajo, atravesado por muchas flechas.
Ott látta Hanst arccal lefelé feküdni, sok nyílvesszővel átszúrva.
Su cuerpo parecía el de un puercoespín, erizado de plumas.
A teste egy tarajos sülre hasonlított, tollas nyilak borították.
En ese mismo momento, Buck miró hacia la cabaña en ruinas.
Ugyanebben a pillanatban Buck a romos kunyhó felé nézett.
La visión hizo que se le erizara el pelo de la nuca y de los hombros.
A látványtól meredeken állt a nyakán és a vállán a szőr.
Una tormenta de furia salvaje recorrió todo el cuerpo de Buck.
Vad dühvihar söpört végig Buck egész testén.
Gruñó en voz alta, aunque no sabía que lo había hecho.
Hangosan morgott, bár nem tudta, hogy így tett.
El sonido era crudo, lleno de furia aterradora y salvaje.
A hang nyers volt, tele félelmetes, vad dühvel.
Por última vez en su vida, Buck perdió la razón ante la emoción.

Buck életében utoljára elvesztette az érzelmei feletti uralmat.
Fue el amor por John Thornton lo que rompió su cuidadoso control.
A John Thornton iránti szerelem törte meg gondos önuralmát.
Los Yeehats estaban bailando alrededor de la cabaña de abetos en ruinas.
A Yeehat család a romos lucfenyőkunyhó körül táncolt.
Entonces se escuchó un rugido y una bestia desconocida cargó hacia ellos.
Aztán egy üvöltés hallatszott – és egy ismeretlen fenevad rohant feléjük.
Era Buck; una furia en movimiento; una tormenta viviente de venganza.
Buck volt az; mozgásban lévő düh; a bosszú eleven vihara.
Se arrojó en medio de ellos, loco por la necesidad de matar.
Közéjük vetette magát, őrjöngve a gyilkolás vágyától.
Saltó hacia el primer hombre, el jefe Yeehat, y acertó.
Ráugrott az első emberre, a yeehat főnökre, és célt lőtt.
Su garganta fue desgarrada y la sangre brotó a chorros.
A torkát feltépték, és vére patakként ömlött belőle.
Buck no se detuvo, sino que desgarró la garganta del siguiente hombre de un salto.
Buck nem állt meg, hanem egyetlen ugrással eltépte a következő férfi torkát.
Era imparable: desgarraba, cortaba y nunca se detenía a descansar.
Megállíthatatlan volt – tépett, vagdalt, és soha nem állt meg pihenni.
Se lanzó y saltó tan rápido que sus flechas no pudieron tocarlo.
Olyan gyorsan száguldott és ugrott, hogy a nyilaik nem érték el.
Los Yeehats estaban atrapados en su propio pánico y confusión.
A Yeehat családot elfogta a pánik és a zavarodottság.
Sus flechas no alcanzaron a Buck y se alcanzaron entre sí.
Nyilaik elvétették Buckot, és inkább egymást találták el.

Un joven le lanzó una lanza a Buck y golpeó a otro hombre.
Az egyik fiatalember lándzsát dobott Buckra, és eltalált egy másik férfit.
La lanza le atravesó el pecho y la punta le atravesó la espalda.
A lándzsa átfúródott a mellkasán, a hegye pedig a hátát ütötte ki.
El terror se apoderó de los Yeehats y se retiraron por completo.
Rettegés söpört végig a Yeehatokon, és teljes visszavonulásba kezdtek.
Gritaron al Espíritu Maligno y huyeron hacia las sombras del bosque.
A Gonosz Szellemre kiáltottak, és az erdő árnyékába menekültek.
En verdad, Buck era como un demonio mientras perseguía a los Yeehats.
Buck valóban démonként üldözte a Yeehat családot.
Él los persiguió a través del bosque, derribándolos como si fueran ciervos.
Utánuk rohant az erdőn át, és úgy terítette le őket, mint a szarvasokat.
Se convirtió en un día de destino y terror para los asustados Yeehats.
A sors és a rettegés napja lett ez a megriadt Yeehat-ek számára.
Se dispersaron por toda la tierra, huyendo lejos en todas direcciones.
Szétszóródtak az országban, minden irányban messzire menekülve.
Pasó una semana entera antes de que los últimos supervivientes se reunieran en un valle.
Egy teljes hét telt el, mire az utolsó túlélők egy völgyben találkoztak.
Sólo entonces contaron sus pérdidas y hablaron de lo sucedido.

Csak ezután számoltak be a veszteségeikről és beszéltek a történtekről.
Buck, después de cansarse de la persecución, regresó al campamento en ruinas.
Buck, miután megunta az üldözést, visszatért a romos táborba.
Encontró a Pete, todavía en sus mantas, muerto en el primer ataque.
Pete-et még mindig takarókban találta, az első támadásban holtan.
Las señales de la última lucha de Thornton estaban marcadas en la tierra cercana.
Thornton utolsó küzdelmének nyomai látszottak a közeli földben.
Buck siguió cada rastro, olfateando cada marca hasta un punto final.
Buck minden nyomot követett, minden egyes jelet megszagolt a végső pontig.
En el borde de un estanque profundo, encontró al fiel Skeet, tumbado inmóvil.
Egy mély medence szélén megtalálta a hűséges Skeetet, amint mozdulatlanul fekve fekszik.
La cabeza y las patas delanteras de Skeet estaban en el agua, inmóviles por la muerte.
Skeet feje és mellső mancsai a vízben voltak, mozdulatlanul a halálban.
La piscina estaba fangosa y contaminada por el agua que salía de las compuertas.
A medence sáros volt, és a zsilipekből lefolyó víz szennyezte.
Su superficie nublada ocultaba lo que había debajo, pero Buck sabía la verdad.
Felhős felszíne elrejtette, ami alatta rejlett, de Buck tudta az igazságot.
Siguió el rastro del olor de Thornton hasta la piscina, pero el olor no lo condujo a ningún otro lugar.
Thornton szagát követte a medencében – de a szag sehova sem vezetett.

No había ningún olor que indicara que salía, solo el silencio de las aguas profundas.
Semmilyen illat nem vezetett ki belőle – csak a mély víz csendje.
Buck permaneció todo el día cerca de la piscina, paseando de un lado a otro del campamento con tristeza.
Buck egész nap a medence közelében maradt, bánatában fel-alá járkálva a táborban.
Vagaba inquieto o permanecía sentado en silencio, perdido en pesados pensamientos.
Nyugtalanul bolyongott, vagy mozdulatlanul ült, nehéz gondolatokba merülve.
Él conocía la muerte; el fin de la vida; la desaparición de todo movimiento.
Ismerte a halált; az élet végét; minden mozgás eltűnését.
Comprendió que John Thornton se había ido y que nunca regresaría.
Megértette, hogy John Thornton elment, és soha többé nem tért vissza.
La pérdida dejó en él un vacío que palpitaba como el hambre.
A veszteség űrt hagyott benne, ami lüktetett, mint az éhség.
Pero ésta era un hambre que la comida no podía calmar, por mucho que comiera.
De ez egy olyan éhség volt, amit az étel nem tudott csillapítani, bármennyit is evett.
A veces, mientras miraba a los Yeehats muertos, el dolor se desvanecía.
Időnként, ahogy a halott Yeehatekre nézett, a fájdalom alábbhagyott.
Y entonces un orgullo extraño surgió dentro de él, feroz y completo.
És akkor furcsa büszkeség támadt benne, vad és teljes.
Había matado al hombre, la presa más alta y peligrosa de todas.
Embert ölt, ami a legnemesebb és legveszélyesebb játék mind közül.

Había matado desafiando la antigua ley del garrote y el colmillo.
A bunkó és agyar ősi törvényét megszegve ölt.
Buck olió sus cuerpos sin vida, curioso y pensativo.
Buck kíváncsian és elgondolkodva szaglászott élettelen testükön.
Habían muerto con tanta facilidad, mucho más fácil que un husky en una pelea.
Olyan könnyen haltak meg – sokkal könnyebben, mint egy husky egy verekedésben.
Sin sus armas, no tenían verdadera fuerza ni representaban una amenaza.
Fegyvereik nélkül nem éreztek igazi erőt vagy fenyegetést.
Buck nunca volvería a temerles, a menos que estuvieran armados.
Buck soha többé nem fog félni tőlük, hacsak nem lesznek felfegyverezve.
Sólo tenía cuidado cuando llevaban garrotes, lanzas o flechas.
Csak akkor óvakodott, ha bunkókat, lándzsákat vagy nyilakat vittek magukkal.

Cayó la noche y la luna llena se elevó por encima de las copas de los árboles.
Leszállt az éj, és a telihold magasan a fák teteje fölé emelkedett.
La pálida luz de la luna bañaba la tierra con un resplandor suave y fantasmal, como el del día.
A hold halvány fénye lágy, kísérteties nappalhoz hasonló derengésbe fürdette a földet.
A medida que la noche avanzaba, Buck seguía de luto junto al estanque silencioso.
Ahogy egyre sötétedett, Buck még mindig gyászolta a csendes tó partját.
Entonces se dio cuenta de que había un movimiento diferente en el bosque.
Aztán valami másfajta morajlásra lett figyelmes az erdőben.

El movimiento no provenía de los Yeehats, sino de algo más antiguo y más profundo.
A morajlás nem a Yeehat családtól származott, hanem valami régebbitől és mélyebbtől.
Se puso de pie, con las orejas levantadas y la nariz palpando la brisa con cuidado.
Felállt, fülét felemelve, orrával óvatosan simogatva a szellőt.
Desde lejos llegó un grito débil y agudo que rompió el silencio.
Messziről egy halk, éles sikoly hallatszott, ami megtörte a csendet.
Luego, un coro de gritos similares siguió de cerca al primero.
Majd hasonló kiáltások kórusa követte szorosan az elsőt.
El sonido se acercaba cada vez más y se hacía más fuerte a cada momento que pasaba.
A hang közelebb ért, és minden egyes eltelt pillanattal erősödött.
Buck conocía ese grito: venía de ese otro mundo en su memoria.
Buck ismerte ezt a kiáltást – abból a másik világból jött, ami az emlékeiben élt.
Caminó hasta el centro del espacio abierto y escuchó atentamente.
A nyílt tér közepére sétált, és figyelmesen hallgatózott.
El llamado resonó, múltiple y más poderoso que nunca.
A hívás felhangzott, sokhangúan és erőteljesebben, mint valaha.
Y ahora, más que nunca, Buck estaba listo para responder a su llamado.
És most, minden eddiginél jobban, Buck készen állt válaszolni a hívására.
John Thornton había muerto y ya no tenía ningún vínculo con el hombre.
John Thornton halott volt, és semmiféle kötelék nem maradt benne az emberhez.
El hombre y todos sus derechos humanos habían desaparecido: él era libre por fin.

Az ember és minden emberi igény eltűnt – végre szabad volt.
La manada de lobos estaba persiguiendo carne como lo hicieron alguna vez los Yeehats.
A farkasfalka úgy kergette a prédát, mint egykor a Yeehat-ek.
Habían seguido a los alces desde las tierras boscosas.
Jávorszarvasokat követtek le az erdős vidékekről.
Ahora, salvajes y hambrientos de presa, cruzaron hacia su valle.
Most, vadul és zsákmányra éhesen, átkeltek a völgyébe.
Llegaron al claro iluminado por la luna, fluyendo como agua plateada.
Ezüstös vízként folytak ki a holdfényes tisztásra.
Buck permaneció quieto en el centro, inmóvil y esperándolos.
Buck mozdulatlanul állt középen, és várta őket.
Su tranquila y gran presencia dejó a la manada en un breve silencio.
Nyugodt, nagy jelenléte egy pillanatra elnémította a falkát.
Entonces el lobo más atrevido saltó hacia él sin dudarlo.
Akkor a legbátrabb farkas habozás nélkül egyenesen ráugrott.
Buck atacó rápidamente y rompió el cuello del lobo de un solo golpe.
Buck gyorsan csapott le, és egyetlen csapással eltörte a farkas nyakát.
Se quedó inmóvil nuevamente mientras el lobo moribundo se retorcía detrás de él.
Mozdulatlanul állt ismét, miközben a haldokló farkas megpördült mögötte.
Tres lobos más atacaron rápidamente, uno tras otro.
Még három farkas támadt gyorsan, egymás után.
Todos retrocedieron sangrando, con la garganta o los hombros destrozados.
Mindegyikük vérzőn vonult vissza, felvágott torokkal vagy vállakkal.
Eso fue suficiente para que toda la manada se lanzara a una carga salvaje.
Ez elég volt ahhoz, hogy az egész falka vad rohamra keljen.

Se precipitaron juntos, demasiado ansiosos y apiñados para golpear bien.
Együtt rohantak be, túl lelkesen és zsúfoltan ahhoz, hogy jól csapjanak le.
La velocidad y habilidad de Buck le permitieron mantenerse por delante del ataque.
Buck sebessége és ügyessége lehetővé tette számára, hogy a támadás előtt maradjon.
Giró sobre sus patas traseras, chasqueando y golpeando en todas direcciones.
Hátsó lábain pördült, minden irányba csapkodott és csapkodott.
Para los lobos, esto parecía como si su defensa nunca se abriera ni flaqueara.
A farkasok számára úgy tűnt, mintha a védekezése soha nem nyílt volna ki, vagy megingott volna.
Se giró y atacó tan rápido que no pudieron alcanzarlo.
Megfordult és olyan gyorsan lecsapott, hogy nem tudtak mögé kerülni.
Sin embargo, su número le obligó a ceder terreno y retroceder.
Mindazonáltal a létszámuk arra kényszerítette, hogy engedjen a helyzeten és visszavonuljon.
Pasó junto a la piscina y bajó al lecho rocoso del arroyo.
Elhaladt a medence mellett, és leereszkedett a sziklás patakmederbe.
Allí se topó con un empinado banco de grava y tierra.
Ott egy meredek kavicsos és földes partra ütközött.
Se metió en un rincón cortado durante la antigua excavación de los mineros.
A bányászok régi ásása közben egy sarokvágásba csúszott.
Ahora, protegido por tres lados, Buck se enfrentaba únicamente al lobo frontal.
Buck, akit most három oldalról is védtek, csak az első farkassal nézett szembe.
Allí se mantuvo a raya, listo para la siguiente ola de asalto.
Ott állt távol, készen a következő támadási hullámra.

Buck se mantuvo firme con tanta fiereza que los lobos retrocedieron.
Buck olyan dühösen tartotta magát, hogy a farkasok visszahúzódtak.
Después de media hora, estaban agotados y visiblemente derrotados.
Fél óra múlva kimerültek és láthatóan vereséget szenvedtek.
Sus lenguas colgaban y sus colmillos blancos brillaban a la luz de la luna.
Nyelvük kilógott, fehér agyaraik csillogtak a holdfényben.
Algunos lobos se tumbaron, con la cabeza levantada y las orejas apuntando hacia Buck.
Néhány farkas lefeküdt, felemelt fejjel, hegyezett fülekkel Buck felé.
Otros permanecieron inmóviles, alertas y observando cada uno de sus movimientos.
Mások mozdulatlanul álltak, éberen figyelték minden mozdulatát.
Algunos se acercaron a la piscina y bebieron agua fría.
Néhányan odamentek a medencéhez, és hideg vizet kortyolgattak.
Entonces un lobo gris, largo y delgado, se acercó sigilosamente.
Aztán egy hosszú, sovány szürke farkas szelíden előrelopózott.
Buck lo reconoció: era el hermano salvaje de antes.
Buck felismerte – a korábbi vad testvér volt az.
El lobo gris gimió suavemente y Buck respondió con un gemido.
A szürke farkas halkan nyüszített, Buck pedig egy nyüszítéssel válaszolt.
Se tocaron las narices, en silencio y sin amenaza ni miedo.
Csendesen, fenyegetés vagy félelem nélkül megérintették az orrukat.
Luego vino un lobo más viejo, demacrado y lleno de cicatrices por muchas batallas.

Utána egy idősebb farkas következett, sovány és a sok csata által sebhelyes.
Buck empezó a gruñir, pero se detuvo y olió la nariz del viejo lobo.
Buck vicsorogni kezdett, de megállt, és megszagolta az öreg farkas orrát.
El viejo se sentó, levantó la nariz y aulló a la luna.
Az öreg leült, felhúzta az orrát, és a holdra üvöltött.
El resto de la manada se sentó y se unió al largo aullido.
A falka többi tagja leült, és csatlakozott a hosszú üvöltéshez.
Y ahora el llamado llegó a Buck, inconfundible y fuerte.
És most Buckhoz érkezett a hívás, félreérthetetlenül és erőteljesen.
Se sentó, levantó la cabeza y aulló con los demás.
Leült, felemelte a fejét, és a többiekkel együtt üvöltött.
Cuando terminaron los aullidos, Buck salió de su refugio rocoso.
Amikor a vonyítás véget ért, Buck kilépett sziklás menedékéből.
La manada se cerró a su alrededor, olfateando con amabilidad y cautela.
A falka körülvette, kedvesen és óvatosan szaglászva.
Entonces los líderes dieron un grito y salieron corriendo hacia el bosque.
Aztán a vezetők felkiáltottak, és elrohantak az erdőbe.
Los demás lobos los siguieron, aullando a coro, salvajes y rápidos en la noche.
A többi farkas követte, kórusban ugatva, vadul és gyorsan az éjszakában.
Buck corrió con ellos, al lado de su hermano salvaje, aullando mientras corría.
Buck velük futott, vad testvére mellett, futás közben vonyítva.

Aquí la historia de Buck llega bien a su fin.
Itt Buck története jól végződik.
En los años siguientes, los Yeehat notaron lobos extraños.

Az elkövetkező években a Yeehat család furcsa farkasokra lett figyelmes.
Algunos tenían la cabeza y el hocico de color marrón y el pecho de color blanco.
Némelyiknek barna volt a fején és az orrán, fehér a mellkasán.
Pero aún más temían una figura fantasmal entre los lobos.
De még jobban féltek egy szellemalaktól a farkasok között.
Hablaban en susurros del Perro Fantasma, líder de la manada.
Suttogva beszéltek a Szellemkutyáról, a falkavezérről.
Este perro fantasma tenía más astucia que el cazador Yeehat más audaz.
Ez a Szellemkutya ravaszabb volt, mint a legvakmerőbb Yeehat vadász.
El perro fantasma robó de los campamentos en pleno invierno y destrozó sus trampas.
A szellemkutya a tél mélyén táborokból lopkodott, és széttépte a csapdáikat.
El perro fantasma mató a sus perros y escapó de sus flechas sin dejar rastro.
A szellemkutya megölte a kutyáikat, és nyomtalanul megszökött a nyilaik elől.
Incluso sus guerreros más valientes temían enfrentarse a este espíritu salvaje.
Még a legbátrabb harcosaik is féltek szembenézni ezzel a vad szellemmel.
No, la historia se vuelve aún más oscura a medida que pasan los años en la naturaleza.
Nem, a történet egyre sötétebbé válik, ahogy telnek az évek a vadonban.
Algunos cazadores desaparecen y nunca regresan a sus campamentos distantes.
Néhány vadász eltűnik, és soha nem tér vissza távoli táborába.
Otros aparecen con la garganta abierta, muertos en la nieve.
Másokat feltépett torokkal, a hóban agyonverve találnak.
Alrededor de sus cuerpos hay huellas más grandes que las que cualquier lobo podría dejar.

Testük körül nyomok húzódnak – nagyobbak, mint amiket bármelyik farkas képes lenne hagyni.
Cada otoño, los Yeehats siguen el rastro del alce.
Minden ősszel a Yeehat-ek a jávorszarvasok nyomát követik.
Pero evitan un valle con el miedo grabado en lo profundo de sus corazones.
De egy völgyet elkerülnek, a félelem mélyen a szívükbe vésődik.
Dicen que el valle fue elegido por el Espíritu Maligno para vivir.
Azt mondják, a völgyet a Gonosz Szellem választotta otthonául.
Y cuando se cuenta la historia, algunas mujeres lloran junto al fuego.
És amikor a történet elhangzik, néhány asszony sír a tűz mellett.
Pero en verano, un visitante llega a ese tranquilo valle sagrado.
De nyáron egy látogató érkezik abba a csendes, szent völgybe.
Los Yeehats no saben de él, ni tampoco pueden entenderlo.
A Yeehat család nem tud róla, és nem is érthetnék.
El lobo es grande, revestido de gloria, como ningún otro de su especie.
A farkas hatalmas, dicsőséges bundában pompázó állat, semmihez sem fogható a fajtájából.
Él solo cruza el bosque verde y entra en el claro.
Egyedül kel át a zöld erdőn, és lép be az erdei tisztásra.
Allí, el polvo dorado de los sacos de piel de alce se filtra en el suelo.
Ott a jávorszarvasbőr zsákokból aranyló por szivárog a talajba.
La hierba y las hojas viejas han ocultado el amarillo al sol.
A fű és az öreg levelek eltakarták a sárgát a nap elől.
Aquí, el lobo permanece en silencio, pensando y recordando.
Itt a farkas csendben áll, gondolkodik és emlékezik.
Aúlla una vez, largo y triste, antes de darse la vuelta para irse.

Egyszer felüvölt – hosszan és gyászosan –, mielőtt megfordul, hogy elmenjen.
Pero no siempre está solo en la tierra del frío y la nieve.
Mégsem mindig van egyedül a hideg és hó földjén.
Cuando las largas noches de invierno descienden sobre los valles inferiores.
Amikor hosszú téli éjszakák ereszkednek az alsó völgyekre.
Cuando los lobos persiguen a la presa a través de la luz de la luna y las heladas.
Amikor a farkasok holdfényben és fagyban követik a vadat.
Luego corre a la cabeza del grupo, saltando alto y salvajemente.
Aztán a falka élén fut, magasra és vadul ugrálva.
Su figura se eleva sobre las demás y su garganta está llena de canciones.
Alakja a többiek fölé magasodik, torka dalra fakad.
Es la canción del mundo más joven, la voz de la manada.
Ez a fiatalabb világ dala, a falka hangja.
Canta mientras corre: fuerte, libre y eternamente salvaje.
Futás közben énekel – erős, szabad és örökké vad.

www.ingramcontent.com/pod-product-compliance
Lightning Source LLC
Chambersburg PA
CBHW010031040426
42333CB00048B/2815